내향인의
말하기 수업

내향인의 말하기 수업

초판 1쇄 인쇄 2026년 3월 30일
초판 1쇄 발행 2026년 4월 9일

지은이 김해리
펴낸이 이범상
펴낸곳 (주)비전비엔피 · 비전코리아

책임편집 김혜경
기획편집 차재호 김승희 김혜경 박성아
디자인 김혜림 이민선 인주영 이윤호
마케팅 이성호 이병준 문세희 이유빈
전자책 김희정 안상희 김낙기
관리 이다정
인쇄 위프린팅

주소 우) 04034 서울특별시 마포구 잔다리로 7길 12 (서교동)
전화 02) 338-2411 | **팩스** 02) 338-2413
홈페이지 www.visionbp.co.kr
인스타그램 www.instagram.com/visionbnp
이메일 visioncorea@naver.com
원고투고 editor@visionbp.co.kr

등록번호 제313-2005-224호

ISBN 978-89-6322-242-4 03190

내향인의 말하기 수업

말수가 적어도 인정받는
사람들의 말하기 전략

김해리 지음

비전코리아

'조용한' 말하기 수업 노트

말문이 막히는 순간. 말 대신 감정이 먼저 치밀어 오르는 순간. 조용한 내가 또 말을 포기하고 돌아서고 싶었던 순간. 그럴 때 필요한 건 타고난 재능이나 벼락같은 용기가 아니다. 그 자리에서 내 몸과 마음을 차분히 정리해서 한 문장을 꺼내는 힘이다.

이 책은 극내향적인 사람이 그런 한 문장을 준비할 수 있도록 돕는 말하기 책이다. 왜 내향적인 사람은 말 앞에서 유독 몸부터 얼어붙는지, 감정과 몸, 목소리가 어떻게 한 덩어리처럼 얽혀 있는지 살펴본다. 그다음 회의, 자기소개, 면접, 발표처럼 말문이 잘 막히는 장면들을 하나씩 꺼내어, 그 자리에서 실제로 써먹을 수 있는 '한 호흡 한 문장' 연습을 제안한다.

이 책이 말하는 '리듬'은 어렵지 않다. 숨을 들이쉬고 내쉬는 박자, 말이 이어졌다 끊어지는 속도, 멈췄다가 다시 이어가는 반복의 패턴이다. 수영과 걷기 같은 움직임, 짧은 호흡 훈련, 연필로 적어 보는 연습 노트를 통해 몸의 리듬과 말의 리듬을 다시 연결해 본다. 그 과정을 따라가다 보면, 말하는 자리에 설 때마다 머릿속이 하얘지던 사람이 적어도 자기소개 한 줄, 질문 하나, 의견 한마디만큼은 꺼낼 수 있는 자기만의 근력을 갖게 된다.

크게 떠들지 않아도 된다. 이 책이 함께하고 싶은 사람은, 사람들 사이에서 자기 목소리를 완전히 숨기지 않으면서도 자기 속도를 지키고 싶은 내향적인 말하기 연습생들이다. 조용한 사람에게도 말할 차례는 온다. 이 책은 그 차례가 왔을 때, 자신의 호흡을 이어갈 수 있도록 옆에서 함께 보조를 맞추는 도구가 된다.

1부. 조용히 버티던 날들: 내향인이 말로 다시 서기까지

2부. 나는 이렇게 세상에 말을 걸었다: 조용한 말하기의 시작

3부. 입이 아니라 몸으로 익히는 말하기: 호흡과 리듬

4부. 느리지만 단단한 내향인의 삶

내향인이 어떻게 강의를 해요?

"내향인이 어떻게 강의를 해요?" 강의를 오래 하다 보면 가장 자주 듣는 질문이다. 조용해 보이는데 사람들 앞에서 어떻게 말을 하느냐는 뜻이다. 혼자 있는 걸 좋아한다면서 하루 종일 교육을 어떻게 버티느냐는 뜻이기도 하다. 앞에 나와 자기소개 한 번만 해 보라는 말에도 심장이 발밑으로 떨어지던 사람이 지금은 강의실에서 15년째 하루를 보내고 있다.

나는 전형적인 내향인이다. 그것도 꽤 극단에 가깝다. 엘리베이터 앞에서 이웃 말소리가 들리면 몸이 먼저 비상구 쪽으로 꺾인다. 어색한 인사를 주고받느니 헉헉대며 계단을 오르는 편이 마음이 편하다. 미용실에 가면 디자이너가 말을 걸까 봐 눈을 질끈 감고 있다. 그래서 머리는 늘 길게 길러 둔 상태다. 전화벨이 울리면 심장이 먼저 뛰고 손이 굳는다. 액정을 한참 바라보다가 벨 소리가 멈추고 나서야 숨을 고른다. 그리고 조금 뒤에야 메시지를 보낸다. "죄송해요, 못 받았네요. 무슨 일이세요?"

이런 사람이 강사를 하고 있다. 박사 과정 시절 기질 검사를 해 주던 선생님이 내 검사지를 들여다보며 고개를 갸웃거렸다. "성과보다 이해에 더 관심이 많고 간접 소통을 선호하시네요. 전형적인 연구자 기질인데 어떻게 사람들 앞에 서십니까." 놀라지는 않았다. 그 말이 낯설지 않았기 때문이다. 어린 시절 꿈은 조용히 책을 읽고 글을 쓰는 삶이었다. 그런데 세상은 내게 마이크를 쥐어 주었다.

　처음에는 남들처럼 되려고 애썼다. 강사라면 에너지가 넘쳐야 한다고 믿었다. 목소리를 억지로 높이고 과장된 제스처를 흉내 내며 외향적인 사람처럼 보이려 했다. 그러다 금방 한계가 드러났다. 강의가 끝나면 기운이 빠져 며칠씩 축 늘어져 지냈다. 열심히 할수록 강의를 하는 나와 평소의 나 사이가 어긋나고 있었다.

　그래서 질문을 바꾸기로 했다. 외향인처럼 말하는 법이 아니라 내향인에게 맞는 말하기는 무엇일까. 목청을 높이지 않고도 몰입을 이끌어내는 강의는 가능할까. 속도가 느리고 말수가 적은 사람이 지치지 않고 오래 말하려면 무엇을 준비해야 할까.

　고민 끝에 내향성을 고쳐야 할 결함이 아니라 함께 살아갈 기질로 보기로 했다. 순발력이 부족하니 더 탄탄한 대본을 준비했다. 말을 많이 하지 못하니 한 문장에 힘을 실었다. 화려한 쇼맨십 대신 정확한 정보와 진심 어린 태도를 내세웠다. 그렇게 감당할 수 있는 방식으로 말하기를 다시 설계해 갔다. 그러자 사람들이 귀를 기울이기 시작했다. "강사님 말씀은 편안해서 쏙쏙 들어와요"라는 피드백이 돌아왔다.

돌이켜 보면 직업이 나를 살렸다. 말을 해야만 하는 이 일이 역설적으로 나를 지키는 가장 큰 동력이 되었다. 아니었다면 두려움 뒤에 숨어 나를 드러내는 즐거움조차 모르는 채 살았을지 모른다. 물론 여전히 강의가 끝나면 아무 말도 하기 싫고 그대로 눕고 싶다. 갑작스러운 자기소개 앞에서는 지금도 손이 먼저 차갑게 식는다. 그러나 준비한 내용을 전할 때만큼은 누구보다 단단하다. 이 양면성을 이제는 즐기기로 했다. 그게 내향형 말하기 전문가가 가진 고유한 매력이라고 믿는다.

말하기는 타고난 성격보다 몸과 문장을 다루는 기술에 더 가깝다. 이 책은 사람들 앞에서 크게 떠드는 법을 설명하지 않는다. 대신 내향적인 사람이 자신의 말 한 줄을 책임지는 법을 정리한 실전 노트다. 회의 시간에 한 번은 손을 들고, 중요한 자리에서 한 문장만큼은 끝까지 말하고 싶은 사람을 떠올리며 썼다.

이 책도 내향인의 속도로 써 내려갔다. 매일 새벽 정해진 분량을 채우는 부지런함과는 거리가 멀다. 3년 동안 기획하고 6개월 정도 띄엄을 들인 뒤 기분이 내키는 날 카페 구석이나 침대 위에서 조금씩 문장을 보냈다. 겉으로는 느리고 산만해 보여도 멈추지만 않으면 결국 한 권의 책이 된다. 그 과정이 곧 내향인이 자기 속도로도 충분히 성과를 낼 수 있다는 이 책의 메시지를 먼저 증명해 준 셈이다.

지금 이 페이지를 펼친 당신도 아마 나와 비슷한 얼굴을 하고 있을지 모른다. 회의 순서가 다가오면 심장이 먼저 빨라지는 사람. 집에 돌아와서야 "아, 그 말 할걸" 하고 이불을 걷어차는 사람. 조용히 있는게 편하지만 그렇다고 평생 숨어만 있고 싶지는 않은 사람.

여기서 다루는 것은 화려한 말재주가 아니다. 몸과 태도, 눈빛과 자세, 호흡과 목소리, 한 문장을 끝까지 밀어내는 힘을 다룬다. 멈추고 싶을 때 어떻게 호흡을 고르는지, 수영장에서 배운 이완의 기술을 어떻게 말하기로 옮겨 놓는지, 꼭 남기고 싶은 말 한 줄을 어떻게 준비하는지에 대한 기록이다. 사람들의 관심을 한순간에 휘어잡는 비법보다 내가 책임질 수 있는 한 문장을 찾는 일이 더 중요하다고 믿는다. 그 방향으로 한 걸음씩 옮겨 가는 연습을 이 책에 담았다.

책 곳곳에 연습 노트를 심어 두었다. 말의 속도에 맞춰 체크하고 적어 볼 수 있는 질문들이다. 거창하게 쓸 필요는 없다. 한 단어만 남겨도 충분하다. 마음에 걸리는 문장에 줄을 긋고 연습 노트에는 낙서

하듯 끄적이면 된다. 깨끗이 보관하는 책이 아니라 마음속에 담아두기만 했던 감정과 생각들을 바깥으로 꺼내 돌아보고 정리할 수 있게 하는 나만의 비밀 노트가 되었으면 한다.

내향성과 불안과 예민함은 말하기의 결격 사유가 아니다. 오히려 이런 기질 덕분에 말을 더 신중하게 하고 한번 내놓은 말을 오래 책임지게 된다. 조용한 사람의 말이 힘을 갖게 되는 지점이다. 이 책은 당신을 적극적이고 사교적인 사람으로 바꿔 주겠다고 약속하지 않는다. 대신 이런 약속은 할 수 있다. 회의 시간에 한 번은 손을 들 수 있는 사람, 중요한 순간에 한 문장만큼은 확실히 내놓을 수 있는 사람, 말의 양이 아니라 말의 방향으로 기억되는 사람이 되는 길을 같이 가겠다고.

"내향인이 어떻게 강의를 해요?"라는 질문에 이제는 웃으며 이렇게 답할 수 있다. 말이 적어도 괜찮다고 믿는 순간부터 말하기는 꽤 즐거운 일이 될 수 있다고. 이 책은 그 홀가분함을 당신과 나누고 싶은 마음에서 시작되었다.

1부

조용히 버티던 날들:
내향인이 말로 다시 서기까지

1장

나는 왜 말 앞에서
작아지는가

내향인의 말문을 막는 세 가지 벽:
내향성, 불안, 예민함

　　　　　　　　그날 회의실은 유난히 밝았다.
창문으로 쏟아지는 빛을 정면으로 마주한 채, 눈이 부시다는 생
각만 하고 있었다. 가서 블라인드를 내릴까 말까 고민하는 사이,
회의가 시작되었다.

　"이번 제안서, 전략 파트 구성 괜찮았어요. 누구 아이디어
였죠?"

　팀장이 말했다. 이 제안서로 제출해도 괜찮을 것 같다고, 이대
로 내보자고.

　그리고 잠간의 정적. 그때 말했어야 했다.

"제가 했습니다"라고.

하지만 입이 떨어지지 않았다. 잘난 척하는 것처럼 보일까 봐, 나선다는 인상을 줄까 봐. 속에서 울렁거리는 말을 뱉지 못한 채 입술만 달싹였다.

곧이어 과장이 얘기했다.

"아 그거 제가 해리씨랑 같이 했어요."

아니다. 그건 내가 혼자 썼다. 내가 낸 아이디어였다. 혼자서 밤새 고민하면서 만든 단어와 문장들을 정성스레 PPT에 올려가며 만든 페이지들이었다. 그러나 과장의 말로 그 아이디어는 더 이상 내 것이 아닌 게 되어 버렸다. 뒤이어 팀장은 제안 발표를 누가 할 거냐고 물었다. 나는 더 이상 내 것이 아닌 그 페이지들에 생각이 멈춰 있었고 과장이 손을 번쩍 들었다.

"발표 제가 할게요."

그리고 그 제안서를 가지고 과장은 발표를 진행했다. 제안서는 쉽게 통과되었다. 수주를 축하하는 회식 자리에서는 모두가 과장 덕분이라고 박수를 쳐줬다. 마치 과장 혼자 모든 것을 해낸 것처럼 축하를 받았다. 내가 말하지 않았더니 내 흔적은 사라졌다. 내 성과는 '우리 팀'의 것이 되고, 아니, 결국 '과장'의 것이 되어 버렸다.

그 순간에도 머릿속에서는 같은 말이 맴돌았다.

'내가 했다고 말했어야 했는데.'

누구를 탓할 수도 없었다. 말하지 않은 사람은 나였으니까. 나는 늘 생각만 많았으니까. 말 한마디를 꺼내기까지 머릿속에서 몇 번이고 시뮬레이션을 돌리는 사람. 그게 그때의 나였다. 이 말을 해도 될까, 어떻게 들릴까, 지금 타이밍이 맞을까. 답을 내리는 동안 대화는 이미 다음 단계로 넘어가 있었다. 그러면 또 한발 늦게 웃거나, 고개만 끄덕이며 시간을 보냈다.

겉으로 보이는 나는 조금 달랐다. 사람들은 나를 침착하고 똑 부러지는 사람으로 봤다. 회의실에서 반듯하게 앉아 눈을 동그랗게 뜨고 메모를 하는 모습을 보며, 속으로는 '할 말 다 하는 사람'이라고 생각했을지도 모른다. 그러나 정작 나는 하고 싶은 말을 해 본 적이 거의 없었다. 말이 늦었다. 말이 느렸다. 하고 싶은 말보다 하지 못한 말이 훨씬 많았다. 아이디어가 보였고, 잘못된 부분도 눈에 들어왔다. 그런데도 군이 나설 만큼 중요한가, 괜히 유난스럽게 보이지 않을까, 이런 질문이 먼저 떠올랐다. 그러다 타이밍을 놓쳤다.

그때 말했더라면 무엇이 달라졌을까. 이 질문은 꽤 오래 마음속에 남았다.

돌이켜 보면 그 순간의 기억이 지금의 나를 만들었다. 저 순간만큼은 극복하고 싶어서 나만의 방식으로 노력해 왔다. 무엇보다 내가 왜 말하지 못했는지를 이해하고 싶었다. 나는 극심한 내향인이고 불안이 크며 예민하기까지 하다. 게다가 잘하고 싶은 욕심은 왜 이렇게 많은지. 이런 나에게 말하기란 단순한 작업이 아니라 감정의 전쟁터였다. 두려움과 자존심과 눈치 등이 한 번에 다 엉켜 버리는 전장이었고 자주 대부분 져 버렸다. 그래도 결국 말해야 했던 이유는 내가 사라지는 것이 싫어서였다. 내 존재감을 어딘가에는 드러내고 싶었고 나 같은 사람도 인정받을 수 있다는 것을 보여주고 싶었다. 내향인도 말할 수 있다고. 조용하지만 분명하게. 천천히, 그러나 진심으로.

말을 못 해 서러운 순간이 쌓이자, 이유를 더 깊이 들여다보게 되었다. 단순히 내향성 때문만은 아니었다. 그 안에는 불안, 완벽주의, 감정 민감도가 겹쳐 있었다. 그리고 이 세 가지가 말을 꺼내기 전에 머릿속 어딘가에서 서로 얽히고 있다는 것을 알게 되었다.

'내향인'이라는 단어 하나로 이 모든 결을 담을 수는 없다. 다만 분명한 건, 이 기질이 말하기를 어렵게 만든다는 거다. 흔히 내향성을 생존에 유리한 신중함이라 포장하지만 현실의 말하기 전쟁터에서는 그 신중함이 발목을 잡는다. 주변을 살피고 눈치를 보는 사이, 타이밍은 지나간다. 공감은 잘하지만, 같은 이유로 부정적인 감정에도 더 쉽게 노출된다. 그래서 타인을 더 살피고 관찰하고 눈치를 본다. 그만큼 말하기는 더 어려워진다. 이 구조를 이해하기 위해 관련 책을 수도 없이 읽고 오랫동안 공부했다. 현장에서 강의를 하며 교육생들과 이 주제로 대화를 나누었다. 그 과정에서 나와 비슷한 사람을 많이 만났다. 내가 특별히 유별난 것도 아니었다. 생각보다 비슷한 사람이 많았다. 결론적으로 이 상태를 삼각형처럼 세 단어에 담아 정리했다.

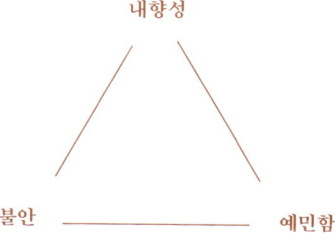

이 세 가지가 겹치면 사고는 깊어지고 복잡해진다. 그리고 말문은 쉽게 막힌다.

○ **내향성: 말은 늦어지고, 생각은 길어진다**
내향인은 말을 꺼내기 전에 생각을 길게 한다. 말이 입 밖으로 나가기 전에 '정확한가', '괜찮은가', '필요한가' 여러 가지 질문을 떠올리고 통과해야 내보내고 싶다. 이 중 하나라도 걸리면 말은 입으로 가지 못하고 머릿속에서 사라진다. 이건 생각이 많아서가 아니라 사고의 루트가 길기 때문이다. 생각이 깊은 것은 장점이다. 다만 말이 출발하는 속도가 자주 늦다. 그렇게 타이밍을 놓치면 말할 기회가 통째로 사라지는 경우도 많다.

○ 불안: 상대방의 반응을 먼저 떠올리는 뇌

불안의 문제는 내가 하고 싶은 말보다 타인의 반응을 먼저 떠올린다는 점이다.

'이 말 했다가 기분 나빠하면 어쩌지.'

'내가 잘못 이해하고 있는 걸 수도 있어.'

이렇게 반응부터 시뮬레이션하면 말 자체가 위험하게 느껴진다. 말수가 적은 내향인은 말 한마디의 실패를 더 크게 받아들인다. 사실 실패도 아닌데, 작은 부정적인 표정 하나에도 과하게 반응한다. 그래서 말을 꺼내는 일을 '위험한 도전'처럼 느끼곤 한다.

○ 예민함: 감각과 분위기에 쉽게 영향을 받는다

예민한 사람은 주변에 민감하게 반응한다. 누군가 한숨을 쉬면, 내 말 탓이 아닌지를 먼저 떠올린다. 누군가 팔짱을 끼면, 내 이야기가 지루한 건 아닌지 살핀다. 소리, 표정, 공기의 흐름이 모두 신호처럼 느껴진다. 이런 감각 민감도는 집중을 자꾸 흩뜨린다. 자신감보다 눈치를 먼저 키우게 만든다. 말이 나가는 순간에도 상대의 얼굴이 더 크게 보이면, 말은 금세 힘을 잃고 꺾인다.

이렇게 내향성, 불안, 예민함이 겹치면 한 가지 패턴이 만들어진다. 생각은 더 깊어지는데, 말은 더 늦게, 더 어렵게 나온다. 그러나 이 세 가지 덕분에 결국 나는 말을 아주 잘하는 사람, 청중의 반응을 예민하게 읽고 빠르게 대응하는 사람, 교육 만족도가 가장 높은 강사로 인정받고 있다. 모두에게 같은 내용을 같은 방식으로 전하는 것이 답이 아니다. 같은 내용도 때로 공기의 흐름에 따라 다르게 전해야 할 때가 있다. 내가 이런 점에 특출나다는 점을 오랜 경험을 통해 확신했다. 그렇기에 내향인이 말하기에 다가가는 방식은 조금 달라야 한다고 자신 있게 말해 본다.

머릿속에서는 이미 열 번 말했다: 내적 말하기 과포화

불안은 항상 '아직 뱉지 않은 말' 틈새에서 자라난다. 회의 5분 전, 내 머릿속은 이미 전쟁터다. '이 말을 하면 팀장님이 찌푸릴까?', '분위기가 싸해지면 어쩌지?' 일어나지도 않은 미래를 통제하려다 정작 지금 해야 할 말의 타이밍을 놓치곤 했다. 내향인의 불안은 겁이 많아서가 아니라 생각이 너무 많아서 생긴다. 나는 이 상태를 '내적 말하기 과포화'라고 부른다. 겉으로는 아무 말도 하지 않았는데 머릿속에서는 이미 열 번쯤 말해 본 상태. 머릿속으로 백 번 시뮬레이션을 돌리는 대신, 차라리 엉성한 한마디를 툭 던져버리는 게 낫다. 뱉어버린 말은 공기 중으로 흩어지지만, 삼킨 말은 내 안에서 고여 불안이 된다. 불안을 끄는 유일한 스위치는 '생각'이 아니라 '입'을 움직이는 것이다.

내향적인 사람은 생각이 많다고 흔히 말한다. 여기에 불안과 감정 민감도, 완벽주의까지 겹치면 생각은 더 복잡해진다. 그 순간 떠오르는 생각은 '말'이 아니라 '무한 시뮬레이션 시나리오'가 된다. 그 결과 말은 태어나지 못하고 머릿속에서만 계속 맴돈다.

내향인이 어떤 생각을 말로 꺼내려 할 때, 머릿속에서는 대체로 이런 일들이 벌어진다.

▶ 아이디어가 떠오른다
▶ 이게 적절한 말인지 판단한다
▶ 이 말을 꺼냈을 때 회의실 분위기를 상상한다
▶ 상대의 반응을 예측한다
▶ 말이 오해되면 생길 후폭풍을 걱정한다
▶ 결국 그냥 말하지 않기로 한다

회로 자체는 빠르지만 정류장이 너무 많다. 말은 항상 늦게 도착한다. 때로는 도착하기도 전에 방향을 바꿔 버린다. 사고만 바쁘게 돌아가고, 몸은 아무 말도 하지 않은 상태로 남는다. 내 말문을 막는 구조를 이렇게 전환해 보자.

내향성은 생각의 깊이를,
불안은 반응에 대한 시뮬레이션을,
예민함은 분위기에 대한 감각을 키운다.

내 말문을 막는 구조를 달리 이해하고 나서 이렇게 되뇌기 시작했다. '내가 이상해서가 아니라, 나의 말하기는 이런 흐름을 가져서 그렇구나.' 이때부터 연습의 방향이 바뀌었다. 내향성, 불안, 예민함은 말문을 막는 벽이기도 하지만, 뒤집으면 가장 강력한 무기였다. 사람들의 표정과 분위기를 빨리 감지하고, 그에 맞게 흐름을 바꾸는 능력으로 이어졌다. 청중의 반응을 세심하게 살펴보고 내용을 조정하는 방식, 강의에서는 이 세 가지가 오히려 큰 힘이 되었다.

이 책에서는 이런 기질을 오답을 대하듯 고쳐야 하는 대상으로 보지 않는다. 내향성과 불안, 예민함을 모두 지우고 새사람으로 태어나는 이야기를 하려는 것도 아니다. 지금 가지고 있는 구조를 먼저 이해하고, 그 안에서 말하기의 방향을 조금씩 조정해 보려는 시도다. 말을 잘하려는 목표보다 먼저, 내 말이 왜 자꾸 입안에서만 맴도는지 이해하는 일. 그 이해에서 시작하고 싶다. 그래서 이 책의 다음 장들에서는 이런 방향으로 천천히 옮겨가 보려고 한다.

생각을 머릿속에서만 굴리지 않고, 단어와 한 문장으로 꺼내 보는 연습.
말을 성과로만 판단하지 않고, 작은 실험으로 바라보는 연습.
길고 화려한 말보다, 표정과 눈빛, 고개 끄덕임 같은 작은 표현을 먼저 몸에 익히는 연습.

말이 막히는 일은 기질만의 문제도, 의지만으로 해결할 수 있는 문제도 아니다. 내향성, 불안, 예민함, 내적 말하기 과포화. 이 네 가지를 받아들이면 적어도 나 자신을 덜 몰아붙이게 된다.

'내가 못해서가 아니라, 이렇게 생각하고 움직이는 사람이라서 그렇구나.'

이 인식이 자리 잡으면, 말문을 여는 방식도 달라진다. 말이 적어도 내가 사라지는 것은 아니라는 사실을 조금씩 체감하게 된다. 1장은 그 출발점이다. 지금 내 안에서 어떤 구조가 동시에 움직이고 있는지 먼저 확인해 보는 자리다. 이제 다음 장부터는 이 내용을 하나씩 쪼개서 보려고 한다. 내향성, 불안, 예민함, 그리고 내적 말하기 과포화. 각각이 말문에 어떤 영향을 주는지, 그 안에서 말하기의 방향을 어떻게 옮겨 갈 수 있는지 나의 이야기를 길잡이 삼아 함께 가보려고 한다.

연습 노트

말문을 막는 '생각의 과부하' 다루기

이 연습은 내가 어떤 상황에서 말을 미루는지, 어떤 이유로 말이 잘 나오지 않는지 차분히 살펴보는 시간입니다. 내향성, 불안, 예민함, 그리고 내적 말하기 과포화라는 구조 위에서 지금까지 나를 어떻게 바라보았는지 정리해 봅니다. 질문에 답을 적어가는 동안 '내가 부족해서가 아니라, 이런 방식으로 움직여 왔구나' 하고 조금 더 이해하게 됩니다.

✎ 지금까지의 나 살펴보기

말이 잘 나오지 않을 때마다 나를 어떻게 해석해 왔는지 먼저 돌아보는 구간입니다. 이 이야기를 적어 두면 '나는 왜 이럴까'라고 탓하기보다 '나는 이런 장면에서 말을 미루는구나'하고 자신을 살펴볼 수 있습니다.

◆ 나는 주로 어떤 상황에서 말하기가 싫어지거나 힘들다고 느끼나요?

긴 회의 도중, 모두가 한꺼번에 말할 때, 갈등 이야기가 나올 때 등

→ ....

....

....

◆ 말하려다가 그만둔 장면이 떠오른다면, 그때 어떤 생각이 먼저 들었나요?

→ ....

....

....

◆ 아래 문장들 가운데 지금의 나와 가까운 말에 표시해 보세요. 여러 가지를 골라도
   괜찮습니다.

   □ 준비 없이 바로 말하기보다, 생각을 정리한 뒤 말하는 쪽이 훨씬 편하다

   □ 누군가 나를 오해해도 바로 설명하지 못하고, 시간이 지난 뒤에 마음이 불편해진다

   □ 말보다 글이나 메시지, 선물, 표정 같은 방식으로 마음을 표현할 때가 많다

   □ 말을 한 뒤에 '그 말을 왜 했을까' 하고 여러 번 떠올리며 스스로를 다그친 적이 있다

   □ 적은 사람과 깊이 이야기할 때 더 나다운 말이 나온다고 느낀다

   □ 말을 하면서도 동시에 나와 상대를 함께 관찰하는 느낌이 자주 든다

✎ 새로운 시선 채우기

이번에는 같은 나를 다른 구조와 방향으로 바라보고, 앞으로 가져가고 싶은 마
음가짐을 정리하는 구간입니다.

이 답을 적어 두면 말이 느려지는 순간에도 나를 몰아붙이기보다, 조금 다른
방향으로 생각을 돌릴 작은 기준이 생깁니다.

◆ 말을 미루게 될 때, 아래 세 가지 중 어디에 더 자주 머무는 편인가요? 가깝게 느껴지는 순서대로 적어 보아도 좋습니다.

내향성(생각이 길어지는 쪽) / 불안(반응을 먼저 떠올리는 쪽) / 예민함(분위기에 크게 영향받는 쪽)

→

◆ 지금의 나에 대해, 비슷한 사실을 담되 조금 다른 표현을 써 본다면 어떨까요?

예시

"나는 말을 피하는 사람이 아니라, 말하기 전에 너무 많은 정보를 처리하는 사람이다."

"나는 말을 못하는 사람이 아니라, 안전하다고 느끼는 자리에서 더 진심에 가까운 말을 꺼내는 사람이다."

→

◆ 앞으로 말이 잘 나오지 않을 때 떠올리고 싶은 한마디를 써 보세요.

예시

"지금 말이 느려지는 건 성격 탓이 아니라, 내향성과 불안, 예민함이 함께 움직이는 구조 때문일 수 있다."

→

✎ 한 호흡 문장 만들기

이번에는 하고 싶은 말을 꺼내지 못하고 삼켜 버렸던 일을 떠올려 봅니다. 그 자리에서 다시 꺼내 보고 싶은 나만의 한 문장을 적어 봅니다. 이 한 문장은 '완벽한 말'이 아니라, '그래도 한 번은 내가 건네 보고 싶은 말'을 찾는 작은 시도입니다.

◆ 최근 몇 달 안에 떠오르는 장면 중, '그때 이런 말은 한번 해 보고 싶었다' 싶은 상황이 있다면 짧게 적어 보세요.

> 예시

"그 아이디어는 제가 처음 정리해 본 내용이라, 제가 한번 설명해 보고 싶습니다."

"지금 확실하게 설명할 수 있는 것은 아니지만 그 부분은 마음에 걸립니다."

→ ....

....

....

✎ Action: 조용한 목소리 내보기

방금 쓴 문장들 가운데 한 줄을 골라, 작은 목소리라도 괜찮으니 조용히 소리를 내어 한 번 읽어 보세요. 내 안에서만 맴돌던 말을 소리로 내어 보는 물리적 경험이, 비슷한 상황을 다시 만났을 때 그 문장을 꺼낼 수 있는 작은 발판이 되어 줍니다.

◆ 소리 내어 읽어 보고 싶은 문장을 한 줄 골라 다시 적어 보세요.

→ ....

....
....

🖋 이번 연습을 마치며 가볍게 점검해 보기

모두 하지 못해도 괜찮습니다. 한 항목이라도 마음에 닿는다면 그곳에만 표시
해 보아도 좋습니다.

☐	'나는 왜 이럴까'라는 생각보다 '나는 이런 구조 안에서 움직이는구나'라는 생각을 조금이라도 하게 되었다
☐	말이 잘 나오지 않았던 장면을 떠올릴 때, 예전보다 나를 덜 가혹하게 평가해도 되겠다는 느낌이 들었다
☐	나를 설명하는 새 문장 한 줄을 적어 보았고, 언젠가 다시 꺼내 보고 싶다는 마음이 조금 생겼다
☐	내가 쓴 문장을 소리 내어 읽어 보았다

✧✩ 선언합니다

"이번 연습에서는 나를 다그치는 대신
나만의 속도를 존중하기로 했습니다."

내향, 그 날 것의 매력

배우 **엄태구**

"진짜 친해지고 싶은 사람이 있으면 어떻게 하세요?"라는
질문에 엄태구가 내놓은 대답은 많은 이에게 신선한 충격을
안겼다.

"못 친해져요."

연락처를 먼저 물어본 적이 거의 없다는 그는, 방송 내내 낯
을 가리고 어쩔 줄 몰라 하는 모습으로 시청자들의 마음을
무장 해제시켰다. 스크린 속에서 뿜어내던 카리스마와 대비
되는 '극내향인' 면모가 반전 매력이 된 셈이다.

우리는 어쩌면 너무 수려하고 유려한 말들에 지쳤는지도 모
른다. 수줍어하고 어색해하는 모습에서 오히려 편안함과 진
정성을 느낀다. 다시 태어나도 배우를 하겠냐는 질문에, 적
성에 안 맞아 그만두려 고민했지만 "직업이니 열심히 한다"
고 답하는 솔직함. 그렇게 성실하게, 자기답게 버텨온 내향
인의 날 것 그대로의 모습을 우리는 사랑할 수밖에 없다.

2장
혼자 있는 시간만큼
말은 단단해진다

용량이 다른 배터리:
말하기 전에 충전부터

나는 심각한 미드 중독자다. 시작은 꽤 오래전이었다. 대학 시절 집에 케이블 TV가 들어오던 해, 새벽 두 시마다 어김없이 시작하던 〈섹스 앤 더 시티〉를 우연히 보게 됐다. 그 전에 〈앨리의 사랑 만들기〉를 보며 "재미있네" 하고 지나가던 정도였다면, 새벽 시간에 혼자 보는 이 드라마는 완전히 다른 차원의 경험이었다. 온 집이 잠든 시간, 불 꺼진 방, 조용한 화면 불빛. 집순이였던 나에게 그 시간은 약간의 타락이자 해방이었다. 새벽 두 시까지 잠을 참았다가 두 편을 연달아 보고, 동이 트기 전 간신히 눈을 붙이곤 했다. 피곤한데도 이상하게 그날은 버틸 만했다. 조용한 밤, 아무에게도 방해받지 않고 한 이야기에 깊이 빠져드는 그 시간이 너무 좋았다.

그때는 몰랐다. 왜 그렇게까지 새벽에 드라마를 붙들고 있었는지. 지금 돌아보면 답은 간단하다. 사람들과 하루 종일 어울린 날에는 꼭 혼자 있어야 했기 때문이다. 몸이 피곤하고 머리가 아픈 피로와는 조금 달랐다. 온몸에서 진이 빠져나간 기분, 내 감정이 다 닳아 버린 것 같은 상태. 말은 많이 하지도 않았는데, 누군가를 계속 살피고, 분위기를 읽고, 머릿속으로만 수십 번 말을 시뮬레이션하다가 지친 게 분명했다.

혼자 있는 시간이 그저 조용해서 좋아하는 것은 아니다. 그 시간은 나에게 회복하고 충전하는 시간이다. 나는 효율이 떨어지는 배터리 같아서 금방 방전이 되어 버리고 또 자주 충전해 줘야 한다. 그러기에는 미드가 딱이었다. 세상에 또 너무 재미있기까지 해. 이렇게 아무 생각 없이 충전되는 시간이 또 있을까. 더 이상 내가 신경 써야 하는 사람은 없다. 저 이야기에만 푹 빠지면 된다. 그렇게 나를 다시 정리하고 충전하고 살려낸다.

이 사실을 처음에는 잘 몰랐다. 그저 나의 사회성이 부족하다고 생각하고 자책했던 순간도 많았다. 미라클 모닝이 유행하던 때에는 밤잠을 아껴가며 미드를 보는 내 모습을 잘못된 것처럼 여기기도 했다. 그래도 대체적으로는 남들과 적당히 잘 지내고 있는 것 같았고 회사에서 퇴근하고도 회식이나 각종 핑계로 사람들과 시간 보내는 것이 아주 싫은 것은 아니었다. 이런 삶이 직장 생활에 적절한 모습이라고 너무나 당연하게 생각했다. 스스로를 이해하고 충분한 시간을 주기 위해 직장 생활을 벗어나 강의에 전념하기 시작하고 나서야 나 자신을 제대로 살펴보게 되었다. 혼자 있는 시간 속에서 나를 발견하고 깨닫고 또 글 쓰고 준비하고 공부하고. 그렇게 잘 회복하는 것이 중요했다. 그런 시간을 통해 제대로 준비해야 내 성에 차는 강의를 할 수 있었다. 강의하는 모습만 본 사람들은 내가 내향인이라는 것을 전혀 눈치채지 못할 정도로 강의에도 제법 유능해졌다. 농담 반 진담 반으로 교육생들에게 "저는 자본주의형 외향인이에요! 입금될 때만 외향인이 됩니다!"라고 하는데 어느 정도는 사실이다. 내 에너지의 가치를 더 높게 평가하기 시작했다는 이야기이기 때문이다.

혼자 있는 시간은 나를 발전하게 만들었다. 밤새도록 미드를 보는 습관을 합리화하려는 말 같지만, 사실 그 시간 속에서 꼭 드라마만 보는 건 아니었다. 책을 읽고, 다큐멘터리를 보고, 다시 보고 싶은 장면을 곱씹다가 강의 아이디어가 떠오르기도 했다. 드라마를 보다가도 '이건 교육에 써먹을 수 있겠다' 싶으면 메모장을 열고 몇 줄 적었다. 마음이 움직이는 장면을 보며 감정의 흐름을 관찰했고, 인물들이 말하는 방식을 내 수업에서 어떻게 변형해서 쓸지 상상했다.

책을 아주 많이 보지는 않는다. 솔직히 말하면, 혼자 있는 시간의 상당 부분은 드라마나 영화를 본다. 그런데 이상하게도 그런 시간은 나를 비워내지 않고 조금씩 채운다. 화면 속 인물들의 이야기가 끝나면 결국 다시 내 이야기를 떠올리게 되기 때문이다. '저런 상황에서 나는 뭐라고 말했을까?', '저 사람은 왜 저 말을 못 했을까?' 같은 생각들이 이어지며, 말하기에 대한 감각도 같이 움직인다.

방전되지 않고 말하는 법: 내향형을 위한 에너지 관리

회사 생활을 힘겨워했던 가장 큰 이유는 업무 강도가 아니라 '공간'이었다. 탁 트인 오픈 오피스는 24시간 감시당하는 감옥 같았다. 유일하게 나를 보호해 주는 건 책상 앞의 작은 칸막이뿐이었다. 누군가 내 뒤를 지나갈 때마다, 옆자리 동료가 한숨을 쉴 때마다 내 더듬이는 곤두섰다. 낮 동안 쏟아지는 자극에 시달리다 보면 집중력은 바닥을 쳤다.

그래서 자진해서 야근을 택했다. 모두가 퇴근하고 사무실에 적막이 흐를 때, 비로소 뇌가 정상적으로 작동했다. 밥 먹듯 야근했던 이유는 일을 못해서가 아니라, 나를 지키며 몰입할 '차단된 시간'이 필요했기 때문이다. 수전 케인은 《콰이어트》에서 "내향인은 고독 속에서 고도의 집중력을 발휘한다"고 했다. 나에게 고독은 외로움이 아니라, 업무 효율을 높이는 가장 확실한 무기였다.

그렇다고 매번 숨을 수만은 없다. 꽉 막힌 칸막이 안에서 에너지가 고갈될 때, 억지로 사람을 만나는 대신 밖으로 나간다. 아침 산책은 나에게 또 다른 방식의 충전이다. 오늘 아침에도 무거운 몸을 이끌고 천변으로 나갔다. 저만치서 할머니 네 분이 걸어오시며 웃음꽃을 피웠다. "아이고, 저 나비 봐봐. 우리 아부지가 나비가 되셨는가 보네!" 그 웃음소리가 듣기 좋아 나도 모르게 입꼬리가 올라갔다. 조금 더 걷자 이번에는 낯선 어르신들이 모여 냇가를 보고 있었다. "저 오리 다친 것 같아. 쟤만 왕따 시킨다니까." 서로 모르는 사이 같아 보였는데, '왕따 오리'를 걱정하는 마음 하나로 깊은 대화가 오갔다.

산책은 내가 굳이 말하지 않아도, 그저 바라보고 듣는 것만으로도 세상과 연결되는 기분이 들게 해준다. 이 소소한 풍경들이 이상하게도 나에게 힘이 된다. 내향인의 에너지 관리는 무조건적인 '차단'만이 답은 아니다. 때로는 안전한 거리에서 타인을 '관찰'하는 것만으로도, 다시 말할 힘이 차오른다. 말하기는 꼭 내 입을 여는 것에서 시작하지 않는다. 이렇게 타인의 삶을 조용히 응원하는 마음에서도 이야기가 시작된다.

사회성이나 대인관계 능력이 특별히 뛰어날 필요는 없다. 남들보다 더 에너지가 넘칠 필요도 없다. 에너지를 차곡차곡 잘 쌓아뒀다가, 정말 필요할 때 꺼내 쓸 수 있는 힘만 있으면 된다. 단지 우리는 조금 용량이 작은 배터리를 가지고 있어 충전이 자주 필요한 것뿐이다. 성능이 떨어지는 건 절대 아니다. 남들과 같은 방식이 아니라 나에게 맞는 방식으로 충전하면 된다. 사무실의 적막 속에서, 혹은 천변의 오리들을 바라보며. 그렇게 채운 에너지로 우리는 비로소 한 문장을 말할 수 있다.

연습 노트

말하기 에너지를 채우는 '회복 루틴' 만들기

구글의 CEO 순다르 피차이는 중요한 결정을 앞두고 반드시 혼자 걷는 시간을 갖습니다. 수만 명을 이끄는 그에게 이 시간은 회피가 아니라 생각을 정리하는 최고의 업무 기술입니다. 혼자 있는 시간을 게으름이나 회피가 아니라, 내향인의 회복과 충전 과정으로 다시 바라보는 시간을 마련해 봅시다. 하루 중 어느 시점에, 어떤 환경에서, 어떤 방식으로 숨을 고를 때 내가 조금 더 편안해지는지 편하게 써 봅니다. 이 과정을 통해 '이렇게 쉬어도 되나?'라는 불안감 대신 "이 시간 덕분에 다시 말할 힘을 모으고 있다"고 말할 수 있게 됩니다. 그렇게 스스로에게 허락한 짧은 쉼이, 결국 하루를 견디게 하는 단단한 버팀목이 됩니다.

✎ 지금까지의 나 살펴보기

먼저, 혼자 있고 싶어진 순간에 나를 어떻게 해석해 왔는지 돌아보는 구간입니다. 지금껏 혼자 있는 시간을 어떻게 불렀는지, 그 시간에 대해 어떤 평가를 내렸는지 적어 보면 회복을 방해하던 내면의 시선이 드러납니다.

◆ 사람들과 함께 있다가 '이제 혼자 있고 싶다'라고 느끼는 순간은 주로 언제인가요?

예시

긴 강의나 회의 후, 의미 없는 대화가 길어질 때, 소음이 큰 식당에 있을 때 등

→ ....

....

....

◆ 그런 마음이 들 때, 스스로에게 어떤 말을 건네 왔나요?

예시

"나는 왜 이렇게 빨리 지치지."

"이 정도 모임도 힘들어하는 내가 이상한 건가."

"어쩌면 내 사회성에 문제가 있는 걸지도 몰라."

→ ....

....

....

◆ 아래 문장들 중 지금까지의 나와 가까운 말에 표시해 보세요.

☐ 혼자 있고 싶어질 때마다 사회성이 부족한 사람이라고 느꼈다

☐ 쉬고 싶은 마음을 인정하기보다 '조금만 더 버티자'라고 스스로를 밀어붙였다

☐ 회복이 필요하다는 감각을 느끼면서도, 다른 사람들에게 민폐가 될까 봐 자리를 뜨지 못했다.

☐ 조용히 쉬고 난 뒤에는 확실히 말이 더 잘 나오는데, 그 사실을 잊고 지낼 때가 많았다

✎ 새로운 시선 채우기

이번에는 같은 장면을 '문제'가 아니라 '회복이 필요한 신호'로 바라보는 시간을 가져 봅니다. 혼자 있는 시간을 삶과 말하기를 위한 충전 과정으로 인정하게 되면 말이 막히는 순간에, 방전되는 순간에 나를 다그치지 않게 됩니다.

◆ 앞으로는 혼자 있고 싶어질 때, 그 마음을 어떤 말로 받아들이고 싶나요?

  예시

  "지금은 고립이 아니라 '긴급 충전'이 필요하다는 신호다."

  "지금 자리를 뜨는 건 도망이 아니라, 나와의 관계를 위한 숨 고르기다."

→ ....

  ....

  ....

◆ 내게 잘 맞는 회복 환경을 떠올려 보세요. 아래 항목 중 마음이 가는 곳에 표시하고, 생각나는 조건을 덧붙여도 좋습니다.

  소리

  ☐ 거의 아무 소리도 나지 않는 조용한 공간(차단)

  ☐ 잔잔한 음악이 흐르는 공간(이완)

  ☐ 자연의 소리나 자연스러운 대화가 오가는 공간(관찰)

  빛

  ☐ 햇빛이 잘 드는 밝은 곳

  ☐ 은은한 조명이 있는 곳

  ☐ 약간 어두운 곳

  몸의 감각

□ 따뜻한 음료를 천천히 마실 수 있는 자리

□ 담요나 쿠션처럼 몸을 기대기 편한 자리

□ 따뜻한 물로 샤워하거나 목욕할 수 있는 자리

◆ 나에게 가장 편안하게 느껴지는 조합을 한 줄로 적어 보세요.

예시

천변을 걸으며 사람들의 말소리를 배경음악처럼 들을 때

→ ....

....

◆ 충전 후에 꺼내 쓰고 싶은 나의 에너지는 어떤 모습인가요?

예시

정리된 한 문장으로 회의의 흐름을 잡는 힘

조용하지만 끝까지 들어 주는 집중력

→ ....

....

....

✎ 한 호흡 문장 만들기

이번에는 실제로 지쳤던 장면 하나를 떠올리고, 그때의 나에게 다시 건네주고 싶은 말을 한 줄로 적어 봅니다. 이 문장은 "더 버텨라"가 아니라 "이제 그만 쉬어도 된다"에 가까운 말이면 좋습니다. 그 말 한 줄이 다음 회복 시간을 허락하는 기준이 됩니다.

◆ 최근 일을 하거나 누군가를 만나는 가운데 '집에 가고 싶다' 혹은 '아무것도 하기 싫다'라고 느꼈던 적이 있나요? 언제였나요?

→
_____
_____
_____

◆ 그 장면 속의 나에게 지금의 내가 건네주고 싶은 회복 선언을 한 줄로 적어 보세요.

예시

"오늘은 더 잘하려고 하지 말고, 조용히 충전해도 된다."

"지금은 사람을 만나는 시간이 아니라, 다시 힘을 모으는 시간이다."

→
_____
_____
_____

✎ Action: 조용한 목소리 내보기

작은 목소리라도 좋습니다. 방금 쓴 문장들 중 마음에 드는 한 문장을 입 밖으로 꺼내 내 귀에 들려주세요. 생각에 머물던 문장에 내 호흡을 불어넣는 것, 그것이 진짜 '내 호흡으로' 말하는 첫걸음입니다.

◆ 소리 내어 읽어 보고 싶은 문장을 한 줄 골라 다시 적어 보세요.

→
_____
_____
_____

이번 연습을 마치며 가볍게 점검해 보기

모두 하지 못해도 괜찮습니다. 한 항목이라도 마음에 닿는다면 그곳에만 표시
해 보아도 좋습니다.

☐	혼자 있고 싶어질 때마다 나를 탓하기보다, 회복이 필요하다는 신호일 수 있다고 한 번쯤 생각해 보려 했다
☐	나에게 잘 맞는 회복 환경과 시간대를 떠올려 보고, 한 줄이라도 적어 보았다
☐	회복 후에 꺼내 쓰고 싶은 나의 에너지는 어떤 모습인지 한 번쯤 상상해 보았다
☐	내가 쓴 문장을 소리 내어 읽어 보았다

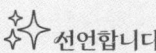선언합니다

"이번 연습에서 나는 방전된 나를 탓하는 대신,
조용한 회복의 시간을 스스로에게 허락했습니다."

시간을 되돌릴 수 있다면

작가 **김영하**

말 없이
빛나는
사람

김영하 작가가 방송에서 남긴 말이 묵직한 울림을 안겼다.
"친구를 덜 만났으면 인생이 더 풍요로웠을 듯하다. 쓸데없
는 술자리에 시간을 너무 낭비했다."
20대에는 친구들과 매일 술 마시기가 의리이자 인간관계의
정석이라 믿었지만, 돌이켜 보니 너무 많은 에너지를 흘려보
낸 듯해 아쉽다고 했다. 차라리 거리를 걷거나, 운동하고 책
을 읽었더라면 그 시간이 더 풍요로웠을 텐데 하고 말이다.

이는 단순히 '사람을 만나지 말라'는 조언이 아니다. 누구와
함께 있는지보다 그 시간 동안 '자기 자신에게 얼마나 충실
했는가'를 묻는 질문이다. 오랜 시간이 흐른 뒤에야 그는 자
신에게 온전한 시간을 주지 못했음을 깨달았다. 극내향인인
나에게 이 고백은 큰 위로가 되었다. 나 역시 관계를 중심에
놓고 나를 맞추느라 내키지 않는 술자리를 견디던 날들이
있었다. 이제야 안다. 말을 아낀다고 관계가 가벼운 건 아
니며, 혼자 있는 시간이 많다고 해서 밀도가 덜한 삶을 사는
것도 아님을. 김영하 작가의 말이 자꾸 맴돈다. "내 인생이
더 풍요로웠을 것 같아요." 풍요로움이란, 내가 나로 존재하
는 시간을 온전히 누리는 것이다. 가장 조용하지만 강력한
행복이 아닐까 한다.

3장

나를 말하게
하는 힘

> **레너드 코헨, 〈송가〉**
> 모든 것에는 균열이 있다.
> 그 균열을 통해 빛이 들어온다.

불안과 조용함은
고유한 '기질'이다

이렇게 말하면 참 오래된 이야기처럼 느껴지지만, 나의 어린 시절에는 웅변학원이 유행이었다. 사람들 앞에 나서서 정해진 글을 크게 외치는 연습. 또박또박 크게 말하는 아이가 '당당하고 자신감 있는 초등학생'의 표준처럼 여겨지던 때였다. 집 형편상 학원에 다니기 어려웠지만, 누가 보내준다고 해도 상상만으로 얼굴이 화끈거렸다. 주변에 웅변학원에 다녀온 친구들이 제법 있었다. 그 친구들은 뭔가 더 목소리가 커져 있었고 눈빛도 달라 보였다. 선생님이 발표를 시키면 아무렇지 않게 손들고 당당하게 얘기하는 친구들이 정말 부러웠다.

일단 손을 뻗는 각도부터 달랐다고나 할까. 큰소리로 "저요!" 외치며 자신감 넘치게 쭉 뻗은 주먹이라니.

초등학교 시절 책을 많이 읽은 덕분에 학교 공부가 그렇게 어렵지는 않았다. 선생님이 "이 문제 아는 사람?" 하고 물으면 대부분의 답을 알고 있었다. 그러나 답을 말할 용기가 없었다. 차라리 답을 모르면 좋겠는데 알고도 답을 말할 용기는 없으니 질문이 나올 때마다 혼자서 덜덜 떨고만 있었다. 그래도 손들지 못하면 우수한 학생으로 쳐주지 않는다는 사실에 가끔은 이를 악물고 손을 들어 말했던 기억이 생생하다.

어느 날은 엄마 심부름으로 정육점에 고기를 사러 갔다. 피 묻은 앞치마를 한 아저씨가 내 작은 목소리를 듣고 핀잔을 주었다. "학생, 안 들려. 크게 좀 말해!" 그날은 정말 나도 웅변학원에 다니고 싶다는 생각을 했다. 내 목소리는 왜 이렇게 작을까. 나도 큰소리를 내고 싶다고 생각했다. 나중에서야 알게 되었다. 나는 수백 명 앞에서 마이크 없이도 말할 수 있을 만큼 울림이 있는 목소리를 가지고 있었다는 것을. 하지만 그때는 내 모습이 그저 부끄러울 뿐이었다. 초등학교 저학년쯤이었을 그 시기의 부끄러운 기억들은 이상할 만큼 오래 남아 있다. 나는 언제부터 이런 사람이었을까. 찬찬히 생각해 보면 기억이 허락하는 순간부터 늘 그

랬다. 늘 떨렸고 늘 다른 사람 눈치를 봤으며 남들 앞에 서는 것
이 싫었다. 용돈을 준다고 장기자랑을 시키던 친척 어른들이 싫
었고 그래서 더더욱 모두가 모이는 명절이 너무 싫었다.

혼자 책 읽는 시간이 가장 좋았다. 누구에게도 평가받지 않고,
혼자 이야기 속에 잠겨 있을 수 있는 시간이 좋았다. 아마 그 때
문에 더 많이 읽었을 것이다. 그 조용한 시간들이 지금의 나를 만
든 또 다른 배경이기도 하다.

나를 말하게 만드는
작은 성공의 증거들

어릴 때부터 이어져 온 이런
기질을 처음으로 또렷한 말로 설명해 준 책이 있었다. 2004년쯤,
일레인 N. 아론의 《민감한 사람들의 유쾌한 생존법》을 처음 만
났다. 제목을 보는 순간 '이건 내 이야기다'라는 느낌이 왔다. 그
책을 통해 처음으로 "이 감각은 결함이 아니라 특성일 수 있다"는
문장을 만났다. 민감하게 느끼는 방식, 자극에 과하게 반응하는
몸, 오래 남는 상처와 기억들이 성격상의 문제나 의지 부족이 아
니라 기질일 수 있다는 설명. 그 문장들이 눈으로만이 아니라 몸
으로 들어왔다. 이후 개정 번역본 《타인보다 더 민감한 사람》까

지 읽으면서, 민감성과 내향성에 관한 세상의 이해도가 높아지고 있는 것을 느꼈다.

그 전까지 내 말하기는 늘 '잘해야 한다'는 압박 아래 있었다. 목소리 크기, 발음, 완성도 같은 기준이 우선이었다. 그 책을 읽고 난 뒤부터는 '내 리듬과 속도를 먼저 인정하는 쪽'으로 방향이 조금씩 바뀌었다. 말하기를 잘 한다는 것은 '외향적인 기준을 얼마나 따라가는가'가 아니라, '나에게 맞는 방식을 얼마나 알고 있는가'에 달려있다. 타고나길 민감한 사람이 있고 그런 사람의 장점이 적절한 방식을 만나면 눈이 부실 정도로 발전한다.

그 후 삶이 늘 순탄하지만은 않았다. 개인적으로 큰일을 겪으며 마음이 한 번 완전히 무너진 적이 있었다. 어렵게 찾은 병원에서 공황과 불안 증상을 함께 다루자는 진단을 받았다. 약을 먹기 시작한 지는 이제 10여 년이 훌쩍 지났다. 그때의 나는 많은 것을 성격 탓으로 돌렸다. '내가 조금만 더 강하고, 사회성이 좋고, 덜 예민했다면 이렇게까지 무너지진 않았을 텐데.' 지금 돌아보면, 그런 생각은 나를 더 몰아붙이는 일이었다. 그래도 전과 다른 점은 적어도 '내가 어떤 기질을 가진 사람인지'를 예전보다 더 알고 스스로를 표현할 수 있었다는 것이다. 민감성과 내향성을 설명하는 언어를 알고 있었기에 천천히 다시 일어설 수 있다는 확신이 있었다.

　민감하고 예민한 자신을 이해하는 것만으로 모든 문제가 갑자기 사라지지는 않는다. 다만 '왜 나는 이 순간에 더 힘든가, 왜 어떤 자리는 유난히 버거운가'를 설명할 표현을 준다. 그 언어 덕분에, 나를 함부로 결함이라고 부르지 않을 작은 근거를 갖게 된다. 그리고 그 작은 근거들이 모여, 결국 혼자서 세상에 나와 내 일을 꾸리는 자리까지 나를 데려왔다.

　어린 시절 나에게 누군가 조용한 성격이 이렇게 장점이 많다고, 내향적인 사람이라는 점이 조금 다른 것일 뿐 모자란 것이 아니라고 일찍 말해주었으면 좋았을 것이다. 아쉽지만 내 어린 시절 사회 분위기는 적극성, 적극성, 적극성이 전부였다. 큰 목소리, 빠른 손, 앞줄에 서는 용기가 미덕처럼 여겨졌다. 지금이라고 크게 달라진 것 같지는 않다. 이런 세상에서 용케 버텨내온 것만으로도 지금은 나 자신에게 큰 칭찬을 해주고 싶다. 그리고 좀 늦게 깨달은 이 이야기들을 나와 비슷한 사람들에게 나눠주고 싶다.

　당신이 어떤 성격이든, 지금 그것 때문에 힘들다면 먼저 자신을 이해하는 데서 시작하기를 바란다. 조용하고, 내면을 살피고,

섬세한 당신은 틀린 게 아니다. 그저 다른 기질의 사람일 뿐이다. 스스로에게 일부러라도 알려주어야 한다. 나에게 맞는 방법을 찾아 잘 다듬어 나가면, 그래도 꽤 살 만하다고. 그렇게 조금씩 나아가다 보면 어느 날 용기 비슷한 걸 낼 수도 있다고. 내가 그 작은 증거다.

말문이 자연스럽게 열린 순간들을 잘 찾아 기억해 내보자. '나는 어떤 상황에서, 왜, 누구 앞에서 말을 하게 되었는가'를 정리해 본다. 이 과정을 통해 자신의 말하기 동기와 조건을 스스로 이해하고, 이후 말하기 연습의 출발점으로 삼는다. 내가 말을 꺼낼 수 있었던 순간들을 기억해 내기만 해도 다시 말하기에 많은 도움이 된다. 그리고 이런 순간들을 차곡차곡 쌓아나가자. 그렇게 쌓인 순간들이 나의 말하기가 된다.

사실 말하기를 그렇게나 망치고, 그래서 잘못된 결과를 가져온 경험이 몇 번이나 있었던가. 자신에게 물어본다면 답하기 어려울 것이다. 우리 대부분은 두려워서 시작조차 못 한 순간이 많아 오히려 결과적으로 잘못된 경험을 많이 가지기도 어렵다. 내가 정말로 서투르고 잘 못한다는 증거가 과연 얼마나 있을까. 대부분 증명되지 않은 사실에 대한 잘못된 믿음을 가지고 자신을 가둬놓고 있다. 타인의 평가보다는 내면의 비평 소리가 더 커서 시도조차 못하는 것이 대부분이다. 이제 이런 불안함은 잠시 내려놓고 나의 말의 역사를 다시 살펴보자. 이왕이면 조금은 괜찮았던 조각들을 하나하나씩 모아 꺼낼 준비를 해보자.

이번 연습 노트는 반복되는 사고의 흐름을 끊어내고 말로, 문장으로 바꿀 수 있는 연습이다. 주어지는 상황에 맞춰 자신의 문장을 만들어 보자. 우리는 조금 말이 느리고 조용한 사람들이다. 말을 못하는 건 아니다. 우리에게 필요한 건 속도를 높이고 화려하게 말하는 것이 아니라 사고의 중간 단계를 간소화하는 기술이다. 내적 말하기의 고리를 끊고 한마디라도 밖으로 꺼내는 연습을 할 수 있다면 우리의 말은 그렇게 시작된다. 말을 완성시키려고 하지 말자. 생각의 시뮬레이션을 줄이고 한 단어라도 던져 보는 실험을 해보자. 혼자서라도 소리를 담아 꺼내 보자. 어떤 소리를 꺼낼 수 있었는지 기록해 보자. 오늘 나의 작은 성공을 계속해서 이어가 보자.

연습 노트

말을 꺼낼 수 있었던 '작은 성공'의 증거 모아보기

이 연습은 내가 어떤 순간에 말을 멈추었는지, 또 어떤 순간에는 자연스럽게 말을 꺼냈는지를 함께 살펴보는 시간입니다. 질문에 답을 적는 동안, '나는 원래 말을 못하는 사람'이라는 뭉뚱그린 평가가 아니라, 나만의 말하기 방향과 리듬을 조금 더 구체적으로 볼 수 있게 됩니다.

 지금까지의 나 살펴보기

말하기를 떠올릴 때, 꽤 오랫동안 스스로를 '말이 막히는 사람, 타이밍을 놓치는 사람'이라고 불러 왔을 수 있습니다. 실제로는 시도조차 하지 못한 순간이 많았는데도, 실패를 크게 기억하며 나를 단정했을지도 모릅니다. 그동안 스스로에게 붙여온 말들을 한 번 살펴봅시다.

◆ **나는 그동안 내 말하기 실력을 어떤 단어로 표현해 왔나요?**

> 예시

'발표만 하면 꼭 말을 더듬는 사람'

'말이 너무 느려서 회의나 발표 자리에서는 도움이 안 되는 사람'

$\rightarrow$ _____

_____

_____

◆ 말문이 멈췄던 장면을 떠올려 보고 그때 나를 어떻게 평가했는지 적어 보세요.

예시

"왜 이렇게까지 겁이 많을까."

"또 바보처럼 한마디도 못 했다."

$\rightarrow$ _____

_____

_____

◆ 말하기와 관련해, 스스로에게 가장 자주 했던 비난이 있다면 적어 보세요.

$\rightarrow$ _____

_____

_____

✏️ 새로운 시선 채우기

우리는 조금 말이 느린 사람일 수 있습니다. 그렇다고 해서 말을 못한다고 단
정할 필요는 없습니다. 실제로는 억울함이 올라올 때, 누군가를 위로하고 싶을
때, 고마움을 전하고 싶을 때처럼 특정한 조건에서 말을 자연스럽게 꺼낸 경험
이 있을 겁니다. '나는 어떤 조건에서 말을 시작하는 사람인가'라는 새 방향을
정리해 봅니다.

◆ 내가 그나마 자연스럽게 말을 시작했던 순간을 떠올려 보세요.

예시

오해를 바로잡고 싶을 때, 누군가 힘들다고 털어놓았을 때 등

→ ....

....

....

◆ 그 순간, 내 안에서는 어떤 감정이 가장 크게 움직였던 것 같나요?

예시

"억울함을 도저히 참기 힘들었다."

"힘들어하는 사람을 혼자 두고 싶지 않았다."

→ ....

....

....

◆ 나는 어떤 상황에서 말을 꺼내는 것이 조금 더 편한지 떠올려 봅니다. 장소, 시간대,
함께 있는 사람의 특징 등을 떠올려 보세요.

예시

"사람이 많은 자리보다 둘이 마주 앉은 자리에서 말이 잘 나온다."

"낯선 사람보다는 오래 알고 지낸 사람과 있을 때 더 잘 말할 수 있다."

→ ....

....

....

◆ 내적 시뮬레이션이 길어지기 전에, 한 문장이라도 꺼내볼 수 있게 하는 '나만의 기준'을 정해 봅시다.

예시

"완벽하게 말하려고 하기보다, 한 문장만이라도 실험하듯 얘기해 본다."

→ _____

_____

_____

✎ 한 호흡 문장 만들기

말하고 싶었지만 삼켰던 장면을 하나 떠올려 보고 지금이라면 어떤 한 문장을 꺼내고 싶은지 적어 봅니다. 이 과정을 통해 내적 말하기의 고리를 조금 단순하게 만드는 연습을 해보려 합니다. '이 말을 꼭 잘해야 한다'가 아니라 '이 정도라면 한 번 던져 볼 수 있겠다' 싶은 한 문장을 찾는 것이 목적입니다.

◆ 예전에 말하지 못했던 장면 중 하나를 떠올려 보세요. 장소, 함께 있던 사람, 대화 주제를 간단히 적어 보아도 좋습니다.

→ _____

_____

_____

◆ 그 장면으로 돌아간다면, 지금의 나는 어떤 한 문장을 꺼내 보고 싶은가요?

예시

"이 부분은 제 생각도 조금 덧붙여 보고 싶습니다."

"저는 한 가지 다르게 느꼈던 점을 얘기하고 싶습니다."

→

✎ Action: 조용한 목소리 내보기

작은 목소리라도 좋습니다. 방금 쓴 문장들 중 마음에 드는 한 문장을 입 밖으로 꺼내 내 귀에 들려주세요. 생각에 머물던 문장에 내 호흡을 불어넣는 것, 그것이 진짜 '내 호흡으로' 말하는 첫걸음입니다.

◆ 소리 내어 읽어 보고 싶은 문장을 한 줄 골라 다시 적어 보세요.

→

✎ 이번 연습을 마치며 가볍게 점검해 보기

모두 하지 못해도 괜찮습니다. 한 항목이라도 마음에 닿는다면 그곳에만 표시해 보아도 좋습니다.

☐	나는 그동안 내 말하기를 어떻게 단정해 왔는지, 스스로에게 붙였던 부정적 꼬리표를 하나 이상 적어 보았다
☐	말을 멈추게 만든 장면뿐 아니라, 내가 말을 꺼냈던 조건과 감정을 함께 떠올려 보았다

☐	예전에 말하지 못했던 장면 하나를 떠올리고, 그 자리에서 꺼내 보고 싶은 한 문장을 적어 보았다
☐	내가 쓴 문장을 소리 내어 읽어 보았다

✧✧ 선언합니다

"이번 연습에서 나는 내가 자연스럽게 말을
꺼낼 수 있는 상황과 조건을 알게 되었습니다."

조용하고 분명하게 자신을 지키는 가치

배우 **엠마 왓슨**

엠마 왓슨은 스스로 내성적인 사람이라고 여러 인터뷰에서 얘기해왔다. "사람들 앞에서 말하는 것이 늘 쉽지 않다"며 긴장감과 내면의 불안을 숨기지 않는다. 너무 어린 나이에 감당해야 했던 거대한 인기는 오히려 그에게 길고 어두운 터널이었을지도 모르겠다. 그럼에도 불구하고 그는 UN 여성 친선대사로서 세계적인 무대에 올라 단정하고 논리적인 연설로 수많은 이들의 마음을 움직였다. 사람들이 두려워하는 표현을 서슴지 않고 입에 담았고, 자신의 의견을 분명하게 밝히며 강렬한 인상을 남겼다.

2018년, 그는 화려한 스포트라이트를 뒤로하고 연기 중단을 선언했다. 이후 옥스퍼드 대학교에서 글쓰기와 희곡을 배우며 새로운 삶을 개척해 나갔다. 은퇴보다는 재충전에 가까운 그 시간에 대해서 그는 "배우 일이 별로 행복하지 않았다. 새장에 갇힌 기분이 들었다"고 고백했다. 덧붙여 "연기 활동에서 물러나 기쁘다. 내 목소리를 내고 창작 공간을 가지며, 내 삶의 주도권을 되찾은 기분이다."라고 말하며 의미심장한 미소를 보였다. 작품 활동을 중단한 지 어느덧 7년. 최근 공개된 어느 인터뷰에서 그는 "지금이 인생에서 가장 행복하고 건강한 시기일지도 모른다"는 말로 변함없는 존재감을 드러내며 팬들을 안심시켰다.

타인의 시선에 자신을 맡기는 대신, 스스로 깊이를 채워가는 모습. 엠마 왓슨은 현란한 말재주가 아니라 내용의 깊이로 사람을 끌어당긴다. 조용하지만 흔들리지 않는 눈빛, 서툴러 보여도 진심을 꾹꾹 눌러 담은 말들. 그렇게 스스로를 지키며 단단해지는 법을 우리에게 알려 준다.

2부

나는 이렇게 세상에 말을 걸었다 :
조용한 말하기의 시작

4장

말하지 않으면
아무도 나를 모른다

신영복, 《처음처럼》

산다는 것은 수많은 처음을 만들어가는
끊임없는 시작입니다.

내향인 강사의 첫 강의 이야기:
나에게 맞는 오프닝 찾기

　　　　　　　　　도 출연기관 연구원으로 처음
출근하던 날이 아직도 또렷하다. 연구원이니 보고서를 쓰고 정
책을 검토하고 가끔 회의에만 들어가면 되겠지 생각했다. 그런
데 입사 교육 첫날, 팀장이 말했다. "우리 기관에서 하는 3일 교
육 오프닝, 해 보실래요? 공무원분들이 첫날 아침에 졸리거든요.
퀴즈도 내고, 분위기 좀 살려서 시작해 주세요." 그 말이 귀에 박
혔다. 분위기를 살리라고, 사람을 깨우라고. 조용히 보고서만 쓰
는 연구원이 될 줄 알았는데 첫 임무가 강의실 맨 앞에 서는 일이
었다.

'선생님'이라는 이름을 처음 들은 건 대학 2학년을 마치고 중학생에게 영어와 사회를 가르치던 시절이었다. 그때는 등록금을 벌기 위한 아르바이트였을 뿐이다. 진짜 첫 강의는 도 출연기관 연구원으로 일하면서 맡은 공무원 교육 오프닝이었다. 의무 교육에 지쳐 있을 교육생을 대상으로 3일 과정의 시작을 여는 시간. 아이스브레이킹을 겸한 퀴즈 형태의 강의가 내 몫이 되었다. 아침에 눈을 뜨는 일도 벅찼는데 남들의 에너지를 끌어올려야 한다니 앞이 캄캄했다. 회사는 어리고 경험이 부족한 신입을 배려한다며 아이스브레이킹 실전 훈련을 해 준다는 이틀짜리 연수에 나를 보냈다.

이틀 내내 게임을 배우고 실습하고 외웠다. 평소 가장 피하고 싶은 유형이 바로 그런 게임이었다. 특히 여러 사람이 함께 몸을 쓰는 활동이 가장 힘들었다. 대학에 들어가서도 가장 버거웠던 순간이 술자리와 거기에 딸려 있던 각종 게임이었으니 말 다 했다. 어느 연예인이 몸으로 시키는 활동이 괴로워서 대학을 그만두었다는 이야기를 들었을 때 그 마음을 너무 잘 알 것 같았다.

나는 그만둘 용기는 없었고 싫다고 말할 용기도 없었다. 대학 1학년이 유난히 괴로웠던 이유는 술자리와 게임이 싫었기 때문이었다 해도 과장은 아니다. 그런 내가 몸으로 하는 게임을 이틀 내내 체험하고 외우고 회사에서 써야 했다. 입사했고 월급을 받고 있었고 퇴사 계획도 없었으니 시키는 대로 교육 과정에 참여

했다.

연수 내내 머릿속에서는 같은 질문이 맴돌았다. 왜 아이스 브레이킹은 꼭 활동적이어야 할까. 왜 일어나서 움직이고 서로 부딪쳐야만 분위기가 풀렸다고 말할까. 왜 교육의 시작은 항상 시끄러워야 한다고 믿을까. 나부터 이 논리에 설득되지 않았으니 더 하기 싫었을지도 모른다.

그래도 그때의 경험이 완전히 쓸모없었던 것은 아니다. 여러 게임과 진행 방식은 나중에 조금씩 변형해 쓰기도 했다. 다만 한 가지는 분명해졌다. 교육과 강의가 흥미로워야 한다는 말에는 동의하지만, 그 흥미가 꼭 외향적이고 활동적인 방향이어야 할 필요는 없다는 점이다. 어느 기사에서 한국 사람의 60퍼센트가 스스로를 내향인에 가깝다고 답했다는 내용을 본 적이 있다. 수치가 정확하든 아니든, 어느 강의장이든 내향적인 교육생이 적지 않게 앉아 있다는 사실만큼은 분명하다. 그렇다면 교육을 시작하면서 누군가에게는 괴로운 활동으로 분위기를 풀어야 할 이유는 없다. 의미 있는 활동의 강도와 방향은 사람마다 다르다. 이 차이를 교육 안에서 인정하지 않으면 성과를 끌어내기 어렵다. 학생이든 성인이든 누구를 대상으로 하든, 모두 다를 수 있다는 전제를 받아들이는 일이 교육에서 가장 중요한 본질 중 하나라고 생각한다.

　강사가 아니라 교육생으로서 나를 떠올려 보면 더 선명해진다. 처음 보는 사람들과 부대끼며 함께 하는 활동이 가장 싫었다. 익숙한 사람들과의 활동도 마찬가지였다. 오히려 더 싫었다. 배우고 생각하러 그 자리에 왔을 뿐인데 갑자기 짝을 지어 손을 잡으라고 하면 그 순간부터 하루 에너지가 거의 바닥났다. 아마 나만 이런 마음은 아닐 것이다. 어느 모임이든 이런 마음을 품은 사람이 적지 않게 앉아 있다.

　어느 식당은 손님이 들어가면 직원들이 하이파이브를 하며 맞이한다고 들었다. 나는 아마 평생 그 식당에 가지 않을 것이다. 어쩔 수 없이 가더라도 다녀온 뒤 며칠은 몸살을 앓을 것 같다. 상상만 해도 기가 빠져나가는 느낌이 든다. 모두가 같은 형식의 환대를 좋아할 필요는 없다. 옳은 방식이 하나뿐인 경우는 거의 없다. 어느 쪽이 무조건 더 좋다고 말하는 일은 언제나 조심해야 한다. 아이스 브레이킹도 그랬다.

웃기지 않아도 좋다, 몰입시킬 수 있다면

　　　　　　　강의를 본격적으로 시작하면

서 자주 듣는 말이 있었다. "이번 강의 좀 재미있게 해 주세요."
교육 담당자들이 가끔 꺼내는 말이다. 한때 이 말이 내가 가장 듣기 싫은 말이었다. '재미있게'라는 말이 유머러스해서 웃음이 터져 나오는 강의를 뜻하는 것처럼 들려서 더 자신이 없어졌다. 초보 강사였던 시절, 나는 이 부탁에 매달렸다. 중간에 교육생이 웃을 만한 이야기를 어디에 넣어야 할지, 여기서 이런 말을 하면 웃어 줄지, 어느 타이밍에 영상을 보여주면 좋을지, 그런 생각으로 준비 시간이 꽉 찼다.

그러나 오랫동안 강의를 이어 오며 얻은 결론은 단순했다. 나는 웃기는 재주가 없다. 웃기는 쪽으로는 발달하지 않았다. 노력으로 채울 수 있는 영역도 아니었다. 한동안은 이 사실 때문에 내강사 자질을 스스로 의심했다. 내가 재미없는 사람이라서, 그래서 강의도 부족하다고 느꼈다.

시간이 지나고 나서야 조금 달라졌다. 나름의 자부심이 생겼을 때, 같은 부탁을 다시 들은 어느 날 이렇게 대답했다. "제가 웃기지는 못해도 몰입은 확실하게 시켜 드릴 수 있어요." 담당자가 바로 말했다. "네, 그러면 충분하죠." 대답을 들은 순간 바로 깨달았다. 그들이 말한 '재미있게'가 꼭 '웃기게'라는 뜻은 아니었다. 교육생이 지루해하지 않고 흐름이 끊기지 않게 끝까지 따라올 수 있도록 진행해 달라는 말을 그렇게 표현했을 뿐이다.

재미있어야 한다는 압박은 흔하게 쓰이는 단어에서 생긴 오해였다. 그리고 이 단어에 유독 예민하게 반응하는 쪽은 대체로 나 같은 극내향인이다. 재미라는 말을 듣는 순간 자신감이 뚝 떨어진다. 재미를 추구하는 마음은 있어도 재미를 쏟아내야 한다는 요구는 거의 불가능에 가깝게 느껴진다. 하지만 사람은 꼭 웃기는 장면에서만 재미를 느끼지 않는다. 어떤 내용을 집중해서 깊이 들여다볼 수 있을 때도 충분히 재미를 느낀다. 몰입감이 높을수록 그 시간은 더 빨리 지나간다.

이 지점을 분명히 이해하고 난 뒤부터는 교육생이 강의 내용에 집중하고 몰입하게 만드는 방향에만 마음을 두었다. 유머 코드를 쓰지 않아도 시간 가는 줄 몰랐다는 피드백을 받는 강의가 가능해졌다. "조용해서 오히려 좋았다", "집중이 잘 되는 강의였다" 이런 반응을 들을 때마다 조금 안심했다. 나에게 맞는 방향이 따로 있다는 사실을 확인할 수 있었기 때문이다.

누군가는 사람들을 웃게 만드는 재주가 뛰어나다. 그런 사람은 교육이든 어떤 자리든 "덕분에 실컷 웃었다"라는 말을 들을 수 있다. 그런 강의도 분명히 필요하다. 다만 교육의 목적이 웃음이 아니라면 그 웃음 뒤에 남는 내용이 별로 없을 수도 있다. 내게 주어진 목적을 잘 수행하는 말하기면 충분하다. 이런 말하기 방식은 내향인의 특기일지도 모른다.

　나는 여전히 웃기는 강사는 아니다. 대신 내 강의에 몰입하게 만드는 일에는 자신이 있다. 그런 의미에서의 "재미있었어요"라는 피드백은 지금도 계속 듣는다. 말하지 않으면 아무도 나를 모른다. 그렇다고 억지로 떠들썩한 사람이 될 필요는 없다. 조용한 사람에게도 어울리는 재미의 모양이 있다. 내향인의 말하기는 떠들썩한 진행보다 "집중해서 들을 수 있었어요"라는 한마디로 남는 강의를 만들어 가는 과정에 가깝다. 이 장에서 그 지점을 향해 내 말하기의 기준을 어떻게 다시 세워 왔는지 여러분들과 연습 노트를 통해 같이 살펴보려고 한다.

연습 노트

내가 정하는 '나를 설명하는 한 문장' 만들기

이 연습은 '말하지 않으면 아무도 나를 몰라준다'는 불안을 나에게 맞는 '역할 정의'로 바꾸어 보는 시간입니다. 말수를 늘리는 것이 목표가 아닙니다. 내가 어떤 사람인지, 어떤 역할로 보이고 싶은지 생각해 봅니다. 질문에 답을 쓰는 동안 '그냥 말이 없는 사람'이 아니라 '이런 방향으로 말하는 사람'이라는 내 모습을 정리해 갈 수 있습니다.

 지금까지의 나 살펴보기

그동안 말할 기회가 생겼을 때 주로 어떤 선택을 했는지 적어 보는 구간입니다. 내 안에서 자동으로 떠올랐던 말버릇을 적다 보면, 내가 나를 어떤 방향으로만 보고 있었는지 조금 더 또렷하게 보입니다.

◆ 사람들 앞에서 말을 해 달라는 신호를 받았을 때 반사적으로 떠오르던 생각은 어떤 것이었나요?

예시

'괜히 나섰다가 틀리면 어쩌지.'

'지금은 조용히 있는 게 중간이라도 가지.'

→

◆ "한 번 말씀해 보시겠어요?", "간단히 의견 주시죠" 같은 말을 들었을 때, 속으로 삼
켰던 말은 어떤 것이었나요?

예시

'나는 정리해서 말을 잘 못하니까 그냥 듣는 게 도와주는 거야.'

'말해 봐야 분위기만 어색해질 거야.'

'어차피 내 의견은 별로 중요하지 않을 거야.'

→

◆ 말하고 싶었지만 끝내 하지 않고 넘어갔던 장면이 떠오른다면, 그때 나를 멈추게
만든 결정적 핑계가 있었나요?

예시

'내가 누군지도 잘 모를 텐데, 여기서 말할 자격이 있을까.'

'괜히 눈에 띄어서 좋을 게 있을까?'

'한번 말하면 다음에 또 말해야 할지 모르니 그냥 가만히 있자.'

→

새로운 시선 채우기

이번에는 '나는 어떤 사람으로 보이고 싶은지'를 생각해 보며 앞으로의 말하기 방향을 적어 보는 구간입니다. 말의 양을 늘리려는 목표가 아니라, 내가 맡고 싶은 역할과 태도를 한 줄로 분명히 적어 보는 연습입니다.

◆ 아래 예시 가운데 나에게 가장 가깝거나, 앞으로 맡고 싶은 역할, 보여주고 싶은 방향에 가까운 것을 체크하거나 적어 보세요. 하나만 골라도 괜찮고 여러 가지여도 좋습니다.

예시

☐ 문제를 정리하는 사람

☐ 타인의 마음을 먼저 살피는 사람

☐ 정확한 정보를 주는 사람

☐ 남들이 못 보는 다른 지점을 짚는 사람

☐ 조용하지만 중심을 잡는 사람

☐ 감정과 분위기를 차분하게 정돈하는 사람

☐ 화려한 모습보다는 신뢰를 주는 사람

☐ 끝까지 잘 듣고 핵심을 말하는 사람

→ ....

....

◆ 위에서 고른 나의 모습을 한 줄 자기소개 문장으로 바꾸어 적어 보세요.

예시

"저는 조용한 톤으로 상황을 정리하는 사람입니다."

"저는 많이 말하지 않아도 핵심을 또렷하게 짚는 사람이고 싶습니다."

→

◆ 내가 자주 듣는 부담스러운 요청 한 가지를 떠올려, 그 말을 내 방식대로 번역하고
  대응 문장을 적어 보세요.

  예시

  자주 듣는 요청: "강사님, 재미있게 해 주세요."

  나의 번역: "지루하지 않게, 흐름을 잘 잡아 달라는 뜻."

  대응 문장: "웃기지는 못하지만, 집중해서 들을 수 있도록 흐름을 잘 잡아 보겠습니다."

  자주 듣는 요청

→

  나의 번역

→

  대응 문장

→

✎ 한 호흡 문장 만들기

말하지 않고 지나와서 마음에 걸리는 장면을 하나 떠올려 보세요. 회의, 수업, 모임 어느 자리여도 괜찮습니다. 그 자리로 다시 돌아간다면, 이번에는 어떤 한 문장을 남기고 싶은지 적어 봅니다. 그 한 문장이 앞으로 내 말하기 방향을 잡아 주는 기준이 됩니다.

◆ 그 장면에서 '나는 어떤 사람인지'를 짧게 보여 줄 수 있는 한 문장을 적어 보세요.

> 예시

"저는 이 논의를 정리해 보는 역할로, 핵심만 짚어 보겠습니다."

"저는 현장에서 이야기를 많이 듣는 사람이라, 실무자 입장에서 한 줄만 보태겠습니다."

→ _____

_____

_____

✎ Action: 조용한 목소리 내보기

작은 목소리라도 좋습니다. 방금 쓴 문장들 중 마음에 드는 한 문장을 입 밖으로 꺼내 내 귀에 들려주세요. 생각에 머물던 문장에 내 호흡을 불어넣는 것, 그것이 진짜 '내 호흡으로' 말하는 첫걸음입니다.

◆ 소리 내어 읽어 보고 싶은 문장을 한 줄 골라 다시 적어 보세요.

→ _____

_____

이번 연습을 마치며 가볍게 점검해 보기

모두 하지 못해도 괜찮습니다. 한 항목이라도 마음에 닿는다면 그곳에만 표시해 보아도 좋습니다.

☐	말하지 않고 지나갔던 자리에서, 나를 멈추게 했던 생각을 한 줄 이상 적어 보았다
☐	"나는 이런 사람입니다"라고 말해 보고 싶은 자기소개 문장을 한 줄 이상 적어 보았다
☐	자주 듣는 모호한 요청 하나를 떠올려, 나만의 번역과 대응 문장을 만들어 보았다
☐	내가 쓴 문장을 소리 내어 읽어 보았다

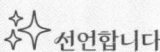 선언합니다

"이번 연습에서 나는 말의 양보다, 내가 바라는
나의 '역할'을 먼저 정의하기로 했습니다."

떨림조차 진심이 되는 사람

셰프 **최강록**

'흑백요리사'들의 파도 속에서 최강록 셰프는 유독 눈에 띄었다. 물 들어올 때 노 젓듯 세상 밖으로 나올 법도 한데, 오히려 문을 닫고 침묵을 택했다. 방송 내내 말을 더듬고, 설명조차 제대로 하지 못해 쩔쩔매던 서툰 모습. 아이러니하게도 사람들은 이 모습에 열광했지만, 최강록은 더 깊이 숨어 버렸다. 오죽하면 출판사가 SNS로 "셰프님, 제발 팬 사인회 한 번만 합시다"라고 공개 읍소를 했을까. 그러나 내향인은 안다. 관심이 쏟아질수록 두려움은 커지고, 그래서 더 조심스러워지는 마음을.

최강록은 TV 속 여느 셰프처럼 화려한 퍼포먼스를 뽐내지 않는다. 조용한 손놀림, 낮은 목소리, 단단한 눈빛이면 충분하다. 목소리 크기가 아니라 태도에 담긴 진심이 사람의 가치를 증명한다. "내 요리는 소통을 위함이다"라던 오래전 말은 여전히 유효하다. 때로는 보는 사람마저 긴장하게 만드는 불안한 떨림 속에서, 우리는 오히려 꾸미지 않은 깊은 진심을 본다. 그를 보며 다시금 확인한다. 조용함은 약점이 아니라 무기다. 남을 짓누르거나 화려하게 포장하는 대신, 자신을 단단히 지탱할 때 비로소 빛나는 무기다.

5장

조용한 사람도 무대를
'내 편'으로 만드는 법

'나만의 루틴'은 내향인 최고의 전략:
불안을 확신으로 바꾸는 준비

나를 향하고 있던 메인 카메라 뒤로 수많은 사람들이 지켜보고 있던 장면을 아직도 생생하게 기억한다. 방송 출연이라니, 내 삶에서 전혀 상상해 본 적 없는 무대였다. 한 시간짜리 강의를 방송국에서 녹화로 준비해야 했다. 여러 대의 카메라와 눈부신 조명, 낯선 장비들, 동시에 나를 향하는 여러 사람의 시선은 생각만 해도 숨이 막혔다. 그러나 막상 그 순간을 맞이했을 때 내가 의지한 건 특별한 재능이 아니라 내 방식대로 준비해 온 루틴과 훈련들이었다.

출연을 앞두고 집 거실에 삼각대를 세웠다. 카메라 앞에 서는 연습을 하기 위해 굳이 정장 재킷과 구두까지 챙겨 입고는 신발에 거실이 더러워지지 않도록 깔아 둔 신문지 위에 서서 실제 방송처럼 시간을 맞춰 연습했다. 그렇게 하지 않으면 불안이 가라앉지 않았다. 혼자 노트북 화면을 바라보며 마치 스튜디오에 있는 듯이 말을 이어나갔다. 반복해서 연습하고 녹화본을 시청하며 말을 다듬고 손동작을 조절하고 목소리 톤을 점검했다. 그렇게 59분 59초까지 딱 맞춰 흐름을 확인한 뒤에야 겨우 마음이 놓였다.

나는 늘 시끄러운 자리를 피하고 조용한 공간에서 안정감을 찾는 사람이었다. 여럿이 말하는 중에는 타이밍을 잘 잡지 못하고, 차례가 돌아오기 전에 머릿속이 하얘지는 경우도 많았다. 그러나 말해야 할 자리가 미리 주어지면 철저히 준비하는 것만큼은 포기하지 않았다. 이번에도 마찬가지였다. 청중이 누구인지, 어떤 장소에서 말하게 될지, 내가 왜 이 자리에 서게 되었는지, 방송은 강의와 다르게 어떤 점을 신경 써야 하는지를 작은 메모지에 적어 책상 앞에 붙여 두었다. 눈에 띄는 그 메모를 하루에도 몇 번씩 읽으며 마음을 정리했다.

녹화 당일 긴장감이 너무 심해서 아무것도 먹을 수가 없었다.

그래도 오랫동안 준비했던 루틴들이 나를 붙잡아 주었다. '잘해야 한다'는 생각은 내려놓고 오직 '전달만 정확히 하자'는 다짐을 반복했다. 또 하나의 팁은 카메라를 통해 내 외모가 돋보여야 한다는 생각을 철저하게 내려놓는 것이 큰 도움이 된다. 혼자 속으로 끊임없이 생각했다. '카메라는 나를 1.5배 부풀리게 보일 수밖에 없어.' '그건 어쩔 수 없다, 포기하자.' '그냥 내용만 잘 전달하자.' 백만 번 되뇌었다. 그것이 극내향형인 내가 무대에 설 수 있었던 비법이었고 결국 첫 방송을 무사히 마칠 수 있었던 비밀이었다. 마지막 인사만 끊어서 다시 녹화했고 58분까지는 단 한 번의 끊김 없이 원테이크로 촬영을 마쳤다. 녹화를 마친 뒤 방송국에서 이런 말을 들었다. "처음 촬영하는 분이 중간에 끊지 않고 여기까지 오는 일은 잘 없어요." 그 말을 듣고 다시 한번 확신했다. 완벽하게 말하는 사람이 아니라도 자신의 방식으로 준비하고 전달하는 사람은 어떻게든 해낼 수 있다.

몇 번의 녹화와 시행착오를 거치며 생방송 출연 제안도 들어왔다. 생방송은 더 숨 막히는 경험이었다. 그래도 카메라가 점점 덜 낯설게 느껴졌다. 영상 강의를 여러 차례 찍으면서 '카메라 앞에 선 나'라는 장면이 점점 익숙해졌기 때문이다. 촬영 감독님들이 나를 좋아하는 강사로 꼽아 준 이유도 비슷했다. "김해리 강사님이랑 작업하면 편집할 부분이 많지 않아서 좋아요." 이 말이 참

기뻤다. 그럼에도 솔직히 말하면 내가 출연한 장면을 다시 보는 건 여전히 괴로운 일이다. 항상 마음에 들지 않는다. 내가 저 장면에서 왜 저러는지 답답하고 화가 난다. 그러나 더 나아지기 위해서 개선할 점을 찾아내기 위해서 아직도 가끔 내 출연 본을 살펴본다. 다음번에 이것보다 더 나아지기만 하면 된다고 그렇게 자신을 다독이며 부끄러움을 삼켜본다. 완벽하게 말하고 싶어하면 입이 떨어지지 않는다. 전보다만 나아지면 된다고 생각하는 사람은 다시 무대 위에 설 수 있다.

말하기는 입이 아니라 '손'에서 시작: 손이 움직여야 입도 열린다

말하기에서 가장 중요한 대상은 결국 듣는 사람이다. 화려한 표현도 완벽한 발음도 그다음이다. 준비를 시작할 때마다 세 가지만 먼저 점검한다. 왜 이 말을 하는가. 누가 듣는가. 어디에서 말하는가. 대단한 이론이 필요한 건 아니다. 여러 말하기 책에서 반복해서 나오는 질문이지만 나는 이를 강의와 발표 준비에 '실제로 쓰는 체크리스트'로 만들어 활용했다. 이 세 가지를 먼저 점검하면 말은 훨씬 쉬워진다. 대부분의 말하기는 전달을 위한 것이고 대부분의 전달은 설득이 목적이다. 결국 설득이라는 목적을 이루기만 하면 된다. 너무 잘하려고 할 필요는 없다. 설득은 상대를 완전히 내 쪽으로 끌고 오는 일이라기보다 이 자리에서 필요한 만큼의 이해와 행동을 이끌어 내는 일이다. 이 본질을 이해하고 이 사실에만 집중하자. 그래서 '잘 말하자' 대신 '잘 전달하자'를 기준으로 잡는다. 그러기 위해서는 분석과 준비가 도움이 될 것이다.

강의안을 준비할 때 처음부터 파워포인트 화면을 여는 일은 잘 없다. 그보다는 일단 종이와 연필을 꺼낸다. 먼저 손으로 그리고 쓰고 정리해 보는 것이다. 어떤 내용이 어디에 포함되어야 하는지, 어떻게 진행되어야 할 것인지 마음 편하게 먼저 종이에 쓰고 그린다. 또는 포스트잇을 활용해 메모했다가 여기저기 붙여가며 정리를 한다. 그렇게 하면 머릿속에서 혼란이 정리되고 긴장도 줄어든다. 이렇게 정리한 후 만든 강의안은 말의 흐름에 도움이 되는 제대로 된 자료가 된다. 미리 해놓은 정리는 눈으로 살피는 지도가 되어 길을 잃지 않게 도와준다.

세계적인 프레젠테이션 전문가인 낸시 두아르떼도 비슷한 방식을 쓴다. 복잡한 구조를 만들기 전에 반드시 손으로 그려 보고 관계를 바꾸어 보면서 가장 설득력 있는 그림을 찾는다. 상관관계를 그려 보며 어떤 방식으로 표현하는 것이 가장 좋을지 미리 만들어 보는 것은 작업 속도를 더 빠르게 만들어 줄 뿐만 아니라

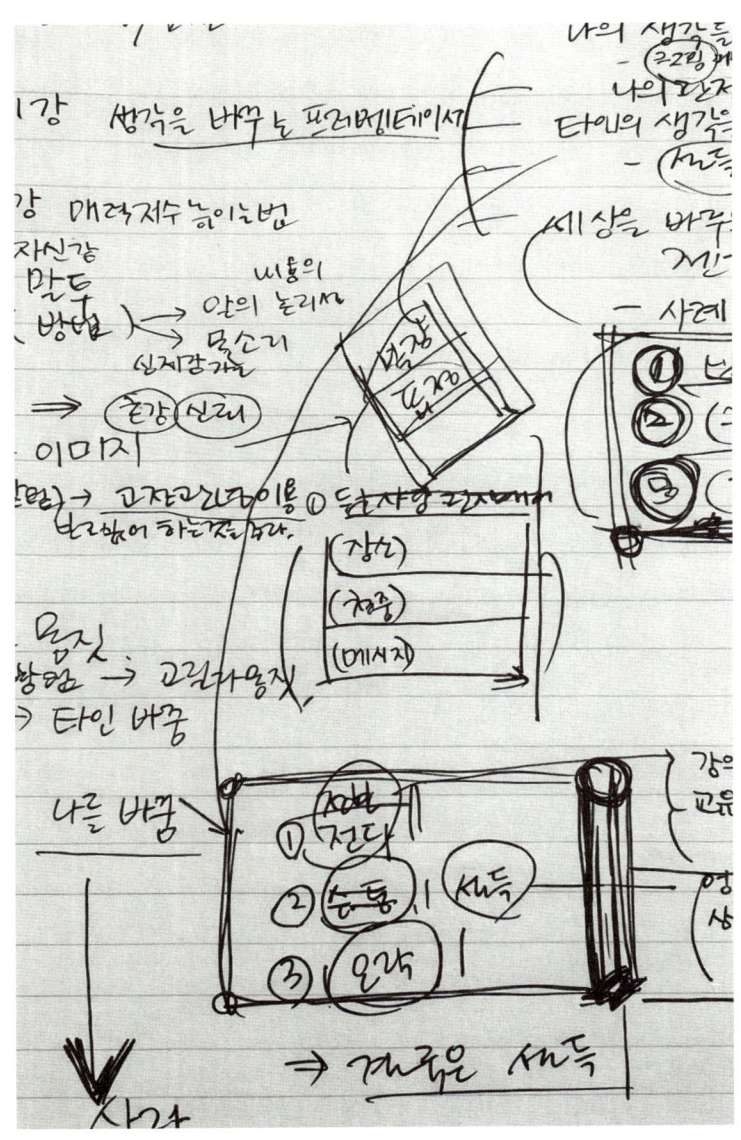

온라인 강좌 촬영 기획을 준비하기 위해 필자가 노트에 적은 메모

더 논리적이고 설득력 있는 자료를 만들 수 있도록 해준다.

나 역시 회사에서 사업계획서와 제안서, 각종 보고서를 만들던 시절부터 이 방식을 써왔다. 손으로 적어본 말은 글이 되기도 쉽고 말이 되기도 쉽다. 칸이 나눠진 종이를 준비해 손으로 채워본다. '이 페이지에는 이런 내용이 들어가면 좋겠어.' '이렇게 구성하는 게 좋을 것 같아.' 직접 그리듯이 써넣어가며 어느 정도 얼개를 만든 이후에 파일화시킨다. 잘 정리된 자료가 있으면 말하기도 쉬워진다. 아무 준비 없이 말을 잘하는 사람은 거의 없다. 잘 준비한 사람이 결국은 어떤 성격이나 성향과 상관없이 발표도 면접도 더 잘 해낸다.

질문에 대한 준비도 마찬가지다. 질문을 받는 시간은 가장 긴장되는 순간이다. 상상력을 동원해 여러 갈래의 질문을 미리 그려 본다.

"이 주제를 들으면 사람들이 가장 궁금해할 부분은 무엇일까?"

"그다음으로 나올 수 있는 반론은 무엇일까?"

"이 부분은 이런 질문이 나올 것 같다. 그때는 이 키워드만 붙들고 짧게 대답하자."

"추가 질문이 나오면, 설명을 길게 늘이지 말고 이 한 문장만 더 보태자."

이렇게 여러 장면을 머릿속에서 작은 드라마처럼 다시 쓴다. 상상 속 장면들을 오가다 보면 내가 자주 흔들리는 지점도 알게 된다. 그런 부분은 특히 더 신경 써서 준비한다. 그렇게 내가 말할 문장을 만들어 둔다.

무엇보다 중요한 점은, 질문에 '정답'이 있는 경우가 생각보다 많지 않다는 사실이다. 많은 질문이 답을 정해 놓지 않은 채 던져진다. 그러니 문장을 한 단어도 틀리지 않게 외워서 말할 필요는 없다. 그럴수록 입이 더 굳는다. 말은 금세 사라지는 언어다. 듣는 사람에게 남는 것은 하나의 단어가 아니라, 그 자리에서 느꼈던 맥락과 방향이다. 이 질문 앞에서 내가 무엇만은 꼭 전하고 싶은지, 지금 이 주제를 이야기하는 사람으로서 어떤 방향만은 지키고 싶은지, 그 지점만 분명하면 된다.

스크립트를 쓸 때도 그 안의 문장을 그대로 따라 외우지 않는다. 같은 뜻을 다른 말로 몇 번이고 다시 말해 본다. '조금 달라져도 괜찮다'는 감각을 몸에 익히려는 연습이다. 완벽한 대사를 한 줄도 틀리지 않고 꺼내는 사람보다, 자기가 전하고 싶은 방향을 알고 있는 사람이 결국 더 설득력 있다. 내향형은 원래 준비에 강한 사람들이다. 한 번 마음을 정하면, 그 자리까지 가기 위해 꽤 오래 걸어간다. 그 성향을 말하기에도 그대로 가져오면 된다. 완벽하게 말하려는 목표 대신, '내 방식대로 준비하고, 맡겨진 메시지만 끝까지 전달하는 사람'이 되겠다는 기준을 세워 보자.

　조용한 사람도 그 기준을 붙드는 순간, 무대에 설 수 있다. 완벽하게 하려고 하지 말고 나에게 주어진 한 시간, 한 장면, 한 문단만 책임지는 마음으로 올라가 보자. 그 자리를 꾸준히 반복해서 경험하다 보면, 어느 날 나도 모르게 '잘 전달하고 잘 설득하는 사람'으로 불리게 된다.

연습 노트

불안을 확신으로 바꾸는 '말하기 설계' 하기

말하기 자리에서 '재미있게 해야 한다, 완벽해야 한다'는 압박 대신, 내가 어떤 내용과 마음을 어디에 전하려고 하는지 다시 살펴보려고 합니다. 무대 공포를 없애는 시간이 아니라 떨림을 관리 가능한 상태로 만드는 과정입니다. 말하기 전에 잠깐 멈춰서 무엇을, 누구에게, 어디서 전할 것인지 적어 봅니다. 이 과정에서 스스로를 덜 몰아붙이고 준비 과정을 더 현실적으로 바라볼 수 있습니다. 질문에 답을 적어 가는 과정이 곧 내 말하기 루틴이 되어, 무대나 낯선 자리에서 나를 붙들어 줄 작은 지도가 됩니다.

✎ 지금까지의 나 살펴보기

이 연습은 말하기를 준비할 때 내가 주로 어디에 에너지를 썼는지 점검하는 부분입니다. 내용보다는 '남의 시선'이나 '평가'를 더 신경 쓰고 있지는 않았는지, 어떤 말로 나를 다그쳤는지 살펴보는 자리입니다. '재미있게 해야 해', '이상한 사람으로 보이면 안 돼' 같은 생각이 떠올랐다면, 그 말을 그대로 적어 보는 것만으로도 나의 준비 방향이 드러납니다. 모든 질문에 다 답하지 않아도 괜찮습니다. 기억나는 표현 한 줄만 적어 보아도 충분합니다.

◆ 발표나 보고 또는 말하기 상황을 앞두고, 보통 스스로에게 어떤 말을 했나요?

예시

"재미있게 하자, 안 웃기면 실패다."

"실수하면 바로 티가 나니까 절대 틀리지 말아야 해."

"질문 나오면 곤란해지니까 빨리 끝내야 해."

→ ....

....

....

◆ 발표 내용을 정할 때, 나는 주로 어디에 더 신경을 썼나요?

예시

"슬라이드를 화려하게 만들면 덜 지루해할 거야."

"웃긴 예시를 많이 넣어야 분위기가 살 거야."

"시간만 채우면 되니까, 최대한 내용을 많이 넣어야 해."

→ ....

....

....

◆ 말하기 자리가 끝난 뒤 가장 먼저 떠오른 후회나 감정은 어떤 것이었나요?

예시

"사람들 반응이 별로였어. 내가 지루했나 봐."

"실수한 단어만 계속 떠오르네."

"무슨 말을 했는지 잘 기억도 안 난다."

→
....

....

....

✎ 새로운 시선 채우기

이번에는 같은 말하기를 조금 다른 방향에서 바라보고 싶습니다. '웃겨야 한다',
'실수하면 안 된다'는 기준 대신, '무엇을, 누구에게, 어디에서 전달하려고 하나'
라는 기준으로 방향을 다시 세워 봅니다. 목적과 청중, 장소를 적는 일은 거창한
전략이 아니라, 중심을 잃지 않도록 붙잡아 주는 작은 기준입니다. 모든 항목을
채우지 않아도 괜찮습니다. 마음에 닿는 질문 한두 개만 골라도 충분합니다.

◆ 이번 말하기에서 전하고 싶은 한 가지 목적(Purpose)을 적어 본다면 어떤 문장이
떠오르나요?

예시

"팀이 다음 한 달 동안 흔들리지 않도록 방향을 정리하려고 한다."

"처음 듣는 사람도 이 주제를 어렵지 않게 느끼도록 돕고 싶다."

"내가 왜 이 일을 중요하게 여기는지 한 번은 또렷하게 말해 보고 싶다."

→
....

....

....

◆ 이 말을 듣게 될 사람들(People)을 떠올릴 때, 특히 어떤 점이 중요하다고 생각하
나요?

예시

"이미 많이 지쳐 있어서, 부담이 아닌 위로에 가까운 설명이 필요하다."

"결정권은 있지만, 세부 내용에는 익숙하지 않은 사람들이다."

"내 이야기를 처음 듣는 사람이라 기본 맥락부터 차근히 풀어야 한다."

→

◆ 이번 말하기가 이루어지는 장소(Place)를 떠올리며, 나에게 필요한 준비를 한 줄로
   적어 보세요.

예시

"짧은 온라인 발표라서, 슬라이드 수를 줄이고 목소리와 속도에 더 신경 쓰자."

"회의실 발표라서, 첫 장과 마지막 장을 프린트해 메모처럼 손에 쥐고 있자."

"마이크가 없는 공간이라, 말 속도를 낮추고 문장 사이를 더 비워 주자."

→

✎ 한 호흡 문장 만들기

실제 말하기 장면을 하나 떠올리고, 그 자리에서 다시 붙잡고 싶은 한 문장을
골라 봅니다. '집중이 흐트러질 때마다 이 문장으로 돌아오자'라고 정해 두는 말
은, 발표 흐름이 흔들릴 때 나를 다시 중심으로 불러오는 작은 기준이 됩니다.
대단한 문장이 아니어도 됩니다. 나에게만 통하는 말 한 줄이면 충분합니다.

◆ 무대 위에서, 말하기 자리에서 내가 흔들릴 때, 나를 붙잡아 줄 문장은 무엇인가요?

예시

"지금 이 자리는 나를 증명하는 자리가 아니라, 한 문장을 또렷하게 전하는 자리다."

"재미보다 명확함이 먼저다. 한 번 더 천천히 말해도 괜찮다."

"모두를 감동시키지 못해도 된다. 한 사람에게만이라도 분명하게 닿으면 충분하다."

→

✎ Action: 조용한 목소리 내보기

작은 목소리라도 좋습니다. 방금 쓴 문장들 중 마음에 드는 한 문장을 입 밖으로 꺼내 내 귀에 들려주세요. 생각에 머물던 문장에 내 호흡을 불어넣는 것, 그 것이 진짜 '내 호흡으로' 말하는 첫걸음입니다.

◆ 소리 내어 읽어 보고 싶은 문장을 한 줄 골라 다시 적어 보세요.

→

✎ 이번 연습을 마치며 가볍게 점검해 보기

모두 하지 못해도 괜찮습니다. 한 항목이라도 마음에 닿는다면 그곳에만 표시 해 보아도 좋습니다.

☐	말하기 전에 떠올리던 나의 자동 반응("재미있게 해야 한다", "틀리면 안 된다" 같은 말)을 한 번 적어 보았다
☐	목적·청중·장소를 한 줄씩 적어 보며, 내 준비 방향이 조금 달라질 수 있겠다는 생각을 해 보았다
☐	말하기에 앞서 당황하거나 흔들릴 때 돌아갈 수 있는 기준점(문장)을 하나 마련했다
☐	내가 쓴 문장을 소리 내어 읽어 보았다

✧✧ 선언합니다

"이번 연습에서 나는 '잘하는 말하기' 대신,
'정확하게 전달하는' 준비를 선택했습니다."

섬세한 설계와 준비된 태도로 만드는 성공

정치인 **미셸 오바마**

미셸 오바마는 강단 있는 이미지로 기억되지만, 중요한 자리일수록 철저한 준비와 사전 정리가 필요하다고 여러 차례 말해왔다. 사람들 앞에 서는 일이 늘 편안하지만은 않았기에, 그는 말의 순서와 무게, 침묵의 타이밍까지 미리 설계하는 방식을 택했다. 퍼스트레이디라는 자리는 즉흥적인 대응보다 준비된 태도를 요구하는 무대였다. 수많은 시선 속에서 그가 선택한 전략은 더 많이, 유려하게 말하는 것이 아니라, 더 정확하게 준비하는 일이었다. 연설을 앞두고 프롬프터를 활용해 반복 연습하는 모습은 이미 많이 알려진 사실이다.

그의 연설은 상대를 공격하거나 감정을 앞세우기보다, 메시지를 또렷하게 전달하는 데 초점을 둔다. 자서전에서도 의도적인 공격적 질문에 대응할 때 '멈춤'과 '바른 자세'를 선택했다고 밝힌 바 있다. 백악관을 떠난 이후에도 그는 필요 이상의 발언을 삼가며, 말해야 할 순간에만 짧고 분명한 메시지를 남긴다. 미셸 오바마의 말하기는 단상 위의 즉흥성이 아니라, 무대에 오르기 전 이미 완성된 설계에서 출발한다. 조용한 준비가 결국 무대를 장악하고, 청중의 마음을 움직인다.

6장
말보다 먼저 도착하는 것들:
내향인의 비언어 전략

> **생텍쥐페리, 《어린 왕자》**
>
> 사막을 아름답게 만드는 것은 어딘가에
> 우물이 숨어 있기 때문이다.

태도는 말보다 먼저 도착한다:
몸의 언어로 신뢰를 얻는 법

말보다 먼저 도착하는 건 몸짓이다. 내향인은 말로 설득하기 전에, 태도로 신뢰를 얻는다. 말을 하지 않아도 몸으로 전달되는 메시지가 있다. 말을 꺼내기 전에 이미 많은 정보가 전해진다. 표정, 시선, 자세, 걸어들어오는 속도까지 모두 하나의 언어다. 내향인에게 이 몸의 언어는 특히 중요하다. 말을 많이 하지 않아도 몸짓, 몸에서 나오는 인상만으로 오래 기억에 남을 수 있기 때문이다. 강의할 때 나는 움직임이 크지 않다. 손을 크게 흔들지도 않는다. 주로 양손을 편안하게 펼치고 손끝에만 힘을 준다. 청중을 보며 천천히 고개를 끄덕인다. 누군가와 시선이 마주치면 피하지 않고 그 눈빛을 잠시 받아준다. 이 작은 몸짓이 청중의 마음을 연다. 조용하지만 단단한 메시지를 몸으로 보여주며 내용을 정확하게 전달하고자 애쓴다.

불안은 사라지지 않지만 연습을 통해 불안을 감출 수는 있다. 비언어 커뮤니케이션은 오히려 잘 활용하면 내 불안을 감추는 아주 효과적인 도구가 된다. 눈빛을 활용하며 잠시 숨을 돌리고 몸짓 손짓을 활용해 청중을 더 집중하게 만들 수 있다. 많은 말을 한다고 청중에게 전달이 더 잘 되는 것이 아니다. 명확한 메시지를 온몸으로 전달할 때 설득이 된다.

교육생들이 발표를 준비할 때 자주 보는 장면이 있다. 말을 시작하기도 전에 손이 떨리고 시선이 바닥으로 떨어진다. 어깨는 안쪽으로 말려 들어간다. 그때 늘 어깨부터 펴 보자고 말한다. 내용 한 줄을 더 외우는 일보다 '지금 내 몸이 어떤 모양으로 서 있는지'를 먼저 살피는 편이 낫다. 어깨를 조금만 펴도 마음이 조금 따라온다. 그 몇 밀리미터 차이가 첫 문장을 꺼내게 돕는다. 내향인의 전달력은 이 조용한 차이에서 시작된다.

말이 적다고 해서 자신감이 없어 보이는 것은 아니다. 위축된 어깨와 웅크린 허리가 우리를 불안한 사람으로 보이게 할 뿐이다. 어깨를 펴고 가슴을 넓게 열어두고 턱만 치켜들지 않으면 당당해 보인다. 이렇게 속마음을 자세로 감출 수 있다는 사실을 확인하고 나면 확실히 두려움이 줄어든다. 조금만 훈련하면 남들은 내가 어떤 상태인지 전혀 알 수 없다는 사실을 꼭 기억하자.

진심이 담긴 미소는 눈에서 시작된다. 입꼬리만 억지로 올린 표정은 금방 들통난다. 눈가와 볼이 함께 부드럽게 올라가는 미소를 보면, 우리는 그 표정을 본능적으로 믿게 된다. 신경학자 듀센이 말한 진정한 미소의 핵심이 바로 눈가에 있다. 웃을 때 눈둘레근까지 움직여야 비로소 기쁨이 드러난다는 설명이다. 상대의 눈가에 힘이 풀리고 볼이 부드럽게 올라가 있으면 나도 모르게 같은 표정을 따라 하게 된다. 우리도 경험으로 안다. 억지 미소는 금방 눈에 들어온다. 반대로 눈가가 살짝 좁아지고 볼이 말랑하게 올라간 미소는 설명이 없어도 믿음이 간다. 내향형에게 이런 미소는 과한 친절이 아니라 "나는 당신에게 적대적이지 않다"는 신호에 가깝다. 말을 많이 하지 않아도 표정 하나로 충분한 정보를 나눌 수 있다.

자세도 마찬가지다. 반듯하고 넓게 펼친 자세는 옷보다 더 강력한 이미지 도구다. 멋진 재킷과 구두보다 반듯하게 선 등과 열린 가슴이 오래 남는다. 어깨를 뒤로 젖히고 가슴을 넓게 펴면 몸전체가 약간 더 커 보인다. 키가 커지는 것은 아니지만 공간을 쓰는 방식이 달라진다. 여기서 주의해야 할 것은 하나다. 턱만 위로 치켜들지 않기. 어깨와 가슴을 펴되 턱은 약간 안쪽으로 넣어 두면 결코 거만해 보이지 않는다. 거울로 옆모습을 보면 '이 정도는 펴야 남들이 보기에는 자연스럽구나'라는 사실을 알게 된다. 내가 느끼는 것보다 더 크게 펼쳐야 겨우 반듯한 자세가 된다.

하버드대 교수 에이미 커디는 펼쳐진 자세와 자신감의 관계를 연구했다. 펼쳐진 자세를 일정 시간 유지하면 호르몬 변화가 나타난다는 결과를 발표한 적이 있다. 몸이 먼저 변하면 마음이 따라온다는 주장에 힘을 실어 주는 연구들은 계속 늘어나는 중이다. 우리는 보통 감정이 먼저이고 그다음에 몸이 따라간다고 생각한다. 기분이 가라앉으면 어깨가 축 처지고 자신감이 생기면 저절로 가슴이 펴진다고 믿었다. 이제 그 믿음이 반대로 작용한다는 증거들이 계속해서 쌓이고 있다. 이 이론들에 따르면 몸이 달라지면 내가 나를 느끼는 방식도 함께 달라진다.

자세를 넓게 펼치고 눈가에 가벼운 미소를 얹으면 목소리가 나오기 전 이미 좋은 첫인상이 만들어진다. 사람들은 몇 초 안에 상대를 판단한다. 말이 시작되기도 전에 '당황한 사람인지, 준비된 사람인지'를 몸의 분위기에서 읽는다. 내향형에게 이 짧은 몇

초는 불리한 시간이 아니라, 오히려 말없이 점수를 벌 수 있는 시
간이다.

떨림을 들키지 않는 기술:
몸을 통제하면 말도 풀린다

몸과 감정의 순서에 대해 이야
기하는 책들을 좋아한다. 사이먼 로버츠의 《뇌가 아니라 몸이다》
를 읽다가, 윌리엄 제임스의 논문 이야기를 인용한 부분에 밑줄
을 여러 줄 그어 두었다. 우리가 두려워서 도망치는 것이 아니라,
도망치는 몸의 반응이 먼저 나오고 그 변화를 감정으로 읽어낸다
는 설명이었다. 감정이 머릿속 생각에서만 오는 것이 아니라, 몸
의 변화에서 출발한다는 주장에 깊이 공감했다.

그는 여러 사례를 들며 '생각과 감정보다 앞서 있는 몸의 행동'
을 강조한다. 몸으로 해 본 경험이 쌓여야 비로소 진짜 지식이 된
다고 말한다. 체화된 지식이 말로 흘러나온다는 설명에 나는 고
개를 끄덕이며 메모했다. 강의 현장에서 느껴온 것과도 잘 맞았
기 때문이다. 이제 우리의 대처 방법이 조금 더 분명해진다. 생
각을 바꿀 힘이 없다면 몸을 먼저 바꿔 보는 것이다. 어깨를 풀고
숨을 깊이 들이마시고 가슴을 한 번 넓게 펼쳐 본다. 양팔을 넓게

벌릴 수 있다면 더 좋다. 마음이 따라오기까지 시간을 두고, 그 사이 조금은 나를 기다려 주는 것이다.

발표가 무서울 때 우리는 보통 "말이 틀릴까 봐"라고 말한다. 조금만 더 깊이 들어가 보면 다른 이유가 숨어 있다. '내가 평가받는 자리'라는 느낌이다. 상대가 어떤 표정을 지을지 알 수 없고 어떤 말이 나올지 예측하기 어렵다. 내향형은 이런 상황에서 특히 예민하게 반응한다. 긴장은 사라지지 않는다. 다만 내가 이 긴장을 어떻게 이해하는지에 따라 힘이 되기도 하고, 발목을 잡는 감정이 되기도 한다.

떨림과 관련해 자주 받는 질문을 세 가지로 나누어 보자.

Q. 떨리면 왜 말이 더 꼬일까요?

입이 아니라 턱과 어깨에 힘이 들어갔기 때문이다. 긴장하면 나도 모르게 어깨가 솟고 턱을 꽉 깨물게 된다. 턱관절이 굳으면 혀가 마음대로 움직이지 않아 발음이 뭉개진다. 마음이 급해져서 빨리 말하려다 보면 더 꼬이게 된다. 이때는 말을 고치려 하지 말고 몸의 힘을 먼저 빼야 한다. 우선 속도를 늦추고, 문장 끝에서 1초 정도 멈추며 숨을 뱉는다. 어깨의 힘이 빠져야 턱이 풀리고, 턱이 풀려야 혀가 유연해진다. 말보다 몸을 먼저 풀어주면 문장은 자연스럽게 따라온다.

Q. 말하다 보면 숨이 막히는 느낌이 드는 이유는 뭘까요?

숨이 배까지 내려가지 못하고 가슴에서만 맴돌기 때문이다. 긴장하면 숨을 얕고 빠르게 쉬게 되는데, 이러면 뇌에 산소가 부족해져 머리가 멍해지고 가슴이 답답해진다. 이때 '천천히 해야지'라고 생각만 해서는 소용없다. 물리적으로 숨 쉴 틈을 강제로 만들어줘야 한다. 내용을 줄이지 말고 '마침표'에서 확실히 쉬어가자. "이 한 호흡으로는 딱 이 문장까지만 말한다"고 정하고, 문장이 끝나면 폐 속의 공기를 다 뱉어낸 뒤에 다시 들이마신다. 숨이 찰 땐 물을 한 모금 마시는 것도 아주 좋은 방법이다. 그 3초는 실수가 아니다. 붕 뜬 호흡을 다시 아래로 끌어내리는 '리셋 버튼'이다.

Q. 대본을 다 외웠는데도 실전에서는 자꾸 멈춥니다. 왜 그럴까요?

머리로만 외우고 몸으로는 안 외웠기 때문이다. 책상에 가만히 앉아 눈으로 외운 기억은, 사람들이 쳐다보는 낯선 무대 위에서는 잘 떠오르지 않는다. 머리가 하얘지는 건 기억력 문제가 아니라, 상황이 낯설어서 뇌가 얼어 버린 것이다. 연습할 때도 실전처럼 서서, 시선을 움직이며, 손을 쓰며 말해 보자. 뇌가 아니라 몸의 근육이 내용을 기억하게 만들어야 한다. 그리고 문장을 토씨 하나 안 틀리고 외우려 하지 말자. 대신 키워드 중심으로 순서만 기억하는 편이 낫다. 인사, 문제 제기, 해결책 같은 덩어리로 기억하면, 단어 몇 개를 틀려도 당황하지 않고 다음으로 넘어갈 수 있다.

내향형에게는 '문장 그대로 정확하게 말하는 것'보다 '조금 틀려도 흐름을 잃지 않는 것'이 훨씬 중요한 목표다. 내향인은 말의 양으로 평가받으면 손해를 본다. 말이 적으면 차갑다, 소극적이다, 자신감이 없어 보인다는 말을 쉽게 듣는다. 억울하지만 자주 겪는 장면이다. 그렇다면 평가 기준을 조금 바꾸는 편이 이롭다. 말의 양이 아니라 이미지로 평가받게 만드는 일. 이쪽이 내향형에게 훨씬 현실적인 전략이다. 첫 만남에서 상대가 가장 먼저 받는 정보는 표정, 태도, 시선이다. 미소를 머금은 눈, 반듯하게 선 자세, 조급하지 않은 속도. 이 세 가지만 갖추어도 "말은 적지만 신뢰가 간다"는 인상을 줄 수 있다.

내향형에게 잘 어울리는 이미지는 '조용하지만 준비된 사람'이다. 모든 질문에 즉석에서 답하며 분위기를 끌어올리는 사람이 아니라, 필요한 순간에 정확한 한 문장을 건네는 사람. 말의 양보다 태도와 신호로 먼저 신뢰를 쌓는 사람. 말을 많이 하지 않아도 된다. 대신 다음의 기준만 마음에 두면 좋겠다.

내 표정이 편안한가.

내 자세가 나를 지지해 주고 있는가.

내 몸짓이 상대를 초대하는 방향으로 향하는가.

이 세 가지 질문에 "그렇다"라고 대답할 수 있다면, 이미 말보다 먼저 많은 것을 전하고 있다.

연습 노트

말보다 먼저 도착하는 '비언어 전략' 점검하기

이 연습은 말을 시작하기 전에 이미 상대에게 전달되고 있는 나의 표정, 자세, 시선을 점검하는 시간입니다. 말주변이 없어서가 아니라, 위축된 몸짓 때문에 나를 낮게 평가하고 있었던 건 아닌지 살펴봅니다. 질문에 답을 적는 동안, 말의 양이 아니라 '태도의 질'로 신뢰를 쌓는 방법을 익히게 됩니다.

지금까지의 나 살펴보기

말의 양과 표현에만 신경 쓰느라 놓치고 있었던 '나의 비언어 습관'을 확인해 봅시다. 대화를 할 때, 무대에 서거나 회의 자리에 앉을 때 무의식적으로 취했던 나의 자세나 태도를 생각해 봅시다.

◆ 사람들 앞에 섰을 때, 내가 나를 보며 가장 먼저 했던 부정적인 평가는 무엇인가요?

예시

"말수가 적으니 자신감 없어 보일 것이다."

"목소리가 작아서 존재감이 없을 것이다."

→ ....

....

....

◆ 발표나 회의 자리에서, 내 시선과 어깨는 주로 어디를 향해 있었나요?

예시

"시선은 노트북이나 바닥에 고정되어 있었다."

"어깨를 안으로 굽히고 최대한 작아 보이려 했다."

→ ....

....

....

◆ 긴장될 때 나도 모르게 짓는 표정이나 습관이 있다면 적어 보세요.

예시

미간 찌푸리기, 입술 깨물기, 손 만지작거리기 등

→ ....

....

....

✎ 새로운 시선 채우기

이제는 말의 양이 아니라 '몸의 언어'를 먼저 정리해 봅니다. 말이 많지 않아도, 편안한 시선과 반듯한 자세, 느긋한 미소만으로 충분히 준비된 사람으로 보일 수 있습니다. 여기에서는 '앞으로 나를 어떻게 바라볼지'에 관한 새로운 문장을 만들어 봅니다.

◆ 말이 적은 나를 "소극적이다", "차갑다"가 아닌 다른 말로 정의해 본다면, 어떤 표현
  이 떠오르나요?

  예시

  "조용하지만 준비된 사람이다."
  "말을 아끼고 대신 한 문장을 더 깊게 고르는 사람이다."

  →

◆ 앞으로 사람들 앞에 설 때, 내 몸에서 먼저 챙기고 싶은 '신체 언어'를 적어 보세요.

  예시

  "어깨를 조금 더 넓게 펴고, 턱을 살짝 안으로 넣는다."
  "입꼬리를 억지로 올리기보다, 눈가가 부드러워지는 미소를 짓는다."

  →

◆ 말의 내용보다 먼저 전하고 싶은 인상을 한 줄로 정리해 보세요.

  예시

  "많은 말을 하지는 않아도, 준비는 단단한 사람으로 보였으면 한다."

  →

✎ 한 호흡 문장 만들기

누군가와 마주 앉았던 자리, 발표를 준비하던 순간, 회의에서 말을 꺼내지 못하고 있던 장면 가운데 하나를 떠올려 봅니다. 그 장면 속에서 '내 표정과 자세가 아쉽게 느껴졌다면' 어떤 말을 나에게 건네고 싶은지 써봅니다. 이 문장은 비슷한 자리에 다시 서게 될 때 꺼내 쓸 수 있는 작은 기준점이 됩니다.

◆ 누군가의 앞에서 말을 꺼내기 어려워 굳어 버렸던 장면을 떠올려 보세요.

→ _____

_____

_____

◆ 그 장면을 다시 떠올리면서, 그때의 나에게 새로 건네고 싶은 한 문장을 적어 보세요.

예시

"어깨를 조금만 더 펴고, 한 사람의 눈을 편안하게 바라봐도 괜찮아."

"말이 늦게 나와도 이미 내 자세와 시선이 충분히 인사를 건네고 있어."

→ _____

_____

_____

✎ Action: 조용한 목소리 내보기

작은 목소리라도 좋습니다. 방금 쓴 문장들 중 마음에 드는 한 문장을 입 밖으로 꺼내 내 귀에 들려주세요. 생각에 머물던 문장에 내 호흡을 불어넣는 것, 그

것이 진짜 '내 호흡으로' 말하는 첫걸음입니다.

◆ 소리 내어 읽어 보고 싶은 문장을 한 줄 골라 다시 적어 보세요.

→ ....
....
....

✎ 이번 연습을 마치며 가볍게 점검해 보기

모두 하지 못해도 괜찮습니다. 한 항목이라도 마음에 닿는다면 그곳에만 표시
해 보아도 좋습니다.

□	말의 양보다, 내 표정·자세·시선이 보내던 신호를 한 번쯤 떠올려 보았다
□	'조용하지만 준비된 사람'처럼, 내향인인 나에게 어울리는 새로운 이미지를 문장으로 적어 보았다
□	긴장하는 나를 숨기기보다, 몸의 방향을 조금 수정해 보고 싶다는 마음이 아주 조금이라도 생겼다
□	내가 쓴 문장을 소리 내어 읽어 보았다

✧✧ 선언합니다

"이번 연습에서 나는 말의 양으로 나를 증명하는 대신,
단단한 '태도'로 신뢰를 주기로 했습니다."

말 없이
빛나는
사람

조용한 방식으로 사랑받는 사람

배우 **키아누 리브스**

키아누 리브스를 가까이서 본 사람은 하나같이 말한다. "그는 생각보다 훨씬 더 조용하다." 인터뷰에서 그는 웃으며 말했다. "나는 사람 많은 자리를 썩 좋아하지 않아요. 혼자 있는 게 편합니다." 세계적인 스타임에도 SNS를 하지 않고 과시하지 않는다. 영화 〈매트릭스〉 성공 후에도 뉴욕 지하철 한구석에 조용히 앉아 있거나, 카페에서 혼자 책을 읽는 모습이 포착되곤 했다. 어릴 적부터 겪은 가족의 상실, 연인과 아이를 잃은 아픔을 대중에게 쉽게 털어놓지 않았다. 대신 질문 앞에서 한참 침묵하고 생각한 뒤 짧게 답했다.

팬들과 적당히 거리를 두지만, 역설적으로 우리는 그런 모습에서 위로를 받는다. 영화 속 액션만큼이나 지하철에서 노인에게 자리를 양보하던 평범한 모습이 더 오래 기억된다. 왜 자신을 좀 더 드러내지 않느냐는 질문에 "가만히 있는 것도 괜찮지 않나요?"라는 그의 반문은, 말수 적음이 단점처럼 여겨지던 내향인들에게 깊은 안도를 안겼다. 감정을 격하게 흔드는 말보다 조용한 얼굴로 건네는 위로 한 줄이 더 오래 남는 법이다. 키아누 리브스는 그렇게, 크게 말하지 않아도 깊이 전해지는 방식으로 살아가고 있다.

3부

입이 아니라 몸으로 익히는 말하기: 호흡과 리듬

7장
힘을 빼야 물에도,
말에도 뜬다

오프라 윈프리

역사상 가장 위대한 발견은
인간이 자신의 태도를 바꿈으로써 미래를 바꿀 수 있다는 사실이다.

극내향인의 운동 표류기:
몸으로 익힌 '이완'의 감각

태어나 처음으로 5km를 쉬지 않고 뛰었다. 내 나이 40대 중반이 되어서야 가능해진 일이다. 이렇게 뛸 수 있게 되기까지 꽤 오래 걸렸다. 처음 달리기를 시작한 건 2024년 봄이었다. 아무에게도 "나 러닝 시작했어"라고 말하지 않았다. 조용히 혼자서 가끔씩 집 앞에서 뛴 게 전부였다. 기껏해야 1분을 뛸까 말까 한 체력이었기 때문이다. 초등학교 6년 내내 체력장은 늘 5급이었고, 장거리 달리기는 수십 명 중 꼴찌를 도맡았다.

1분 뛰고 한참을 걷고, 여름엔 덥다고 쉬고 겨울엔 춥다고 쉬었다. 그래도 그만두지는 않았다. 어쩌다 2분을 뛰고, 어떤 날은 5분까지도 가능했다. 그렇게 1년이 지났다. 그제서야 5km를 뛸 수 있게 되었다. 내 초외향인 친구는 겨우 몇 개월 전에 시작한 러닝클럽 활동으로 벌써 10km 마라톤을 수차례 완주했다고 한다. 부러운 마음이 전혀 없는 건 아니다. 그래도 혼자 달리는 비밀스러운 봄날의 아침은 호화로움 그 자체다. 벚꽃이 흩날리는 꽃비를 맞으며 내 속도로 달릴 수 있다. 이보다 더 호사스러운 운동이 있을까.

사실 운동을 해야겠다는 다짐은 오래되었다. "운동은 삶을 바꾸고 불안을 잠재운다"는 말에 감동받아 운동복을 사고 등록도 했다. 그러나 결과는 늘 망했다. 소리 없이, 은근하게, 그러나 아주 확실하게. 사람들 말대로 헬스장부터 끊었다. 무료 PT에 혹해 등록한 어느 저녁, 붐비는 헬스장 한가운데 매트 위에 눕게 되었다. 스트레칭을 도와주던 트레이너가 말했다. "회원님, 근육이 이렇게 없을 수가 있나요?" 농담이었겠지만 그 한마디에 얼굴이 화끈 달아올랐다. 운동이 힘든 것보다 많은 사람 앞에서 평가받는 느낌이 더 견디기 힘들었다. 결국 트레이너의 문자를 '읽씹'하고 발길을 끊었다.

조용한 운동이라면 괜찮을까 싶어 요가와 필라테스도 시도했다. 고요한 공간, 낮은 음악. 하지만 강사의 설명이 머릿속에 들어오지 않았다. "무릎을 좀 더, 골반을 열고, 척추를 길게…." 앞 사람 동작만 곁눈질로 따라 하다가 '지금 내가 뭘 하고 있는 거지'라는 자괴감만 안고 돌아왔다. 공간은 조용했지만 마음은 소란스러웠다.

사회성이 필요한 운동은 더 어려웠다. '초급자 환영'이라는 문구를 보고 용기를 내 배드민턴 동호회에 나갔다. 강습은 친절했지만, 연습 파트너를 직접 구해야 하는 게 문제였다. "저랑 연습 좀 해주세요." 이 한 문장을 꺼내는 일이 운동보다 힘들었다. 4개월이나 나갔지만 실력은 제자리였다. 코트 가장자리에서 라켓만 들고 누가 불러주기를 기다리는 사람이 되었다. 연례총회 날, 갈빗집 룸에 모여 돌아가며 자기소개를 할 때 다시 깨달았다. '이 운동은 체력보다 사회 에너지가 더 많이 드는구나.'

수많은 실패 끝에 내가 정착한 건 혼자 하는 달리기와 수영이었다. 사람이 없는 시간에, 평가받지 않는 곳에서 혼자 호흡하는 운동. 특히 수영은 나에게 결정적인 감각을 가르쳐 주었다.

"힘을 빼야 뜬다."

수영을 배울 때 가장 먼저 듣는 말이다. 하지만 실행에 옮기기는 쉽지 않았다. 물 공포가 유독 심해 가라앉지 않으려고 팔다리에 힘을 잔뜩 줬다. 그럴수록 몸은 더 가라앉고 숨은 가빠졌다. 보다 못한 강사가 말했다. "어깨 힘을 최대한 빼보세요. 숨을 천천히 길게 내쉬세요." 그 말만 믿고 조심스럽게 숨을 내쉬며 힘을 풀었다. 신기하게도 몸이 물 위로 떠올랐다. 불필요한 힘을 빼자 물이 나를 떠받쳐주기 시작했다.

이 경험 이후로 수영은 더 이상 단순한 운동이 아니었다. 수영을 배운다는 것은 곧 호흡과 이완을 훈련한다는 말이었다. 얕은 숨으로는 버틸 수 없다. 물속에서 숨이 얕으면 바로 한계가 온다. 깊게 들이마시고, 잠시 머무르고, 길게 내쉬는 흐름을 몸에 새겨야 한다. 이 과정을 거치며 운동을 다시 보게 되었다. 운동은 잘하는 사람의 세계가 아니라, 그만두지 않은 사람이 조금씩 자리를 넓혀 가는 세계였다. 끝까지 힘을 주는 사람이 아니라, 언제 힘을 주고 언제 힘을 뺄지 아는 사람이 오래 가는 세계였다.

호흡의 리듬을 익히는 과정은 말하기와도 닮아 있다. 문장 하나를 끝까지 밀어내려면 그 문장을 떠받칠 만큼의 숨이 필요하다. 긴장이 심해지면 내향인은 몸이 먼저 굳는다. 목과 어깨가 뻣뻣해지고, 턱이 잠기고, 숨이 짧아진다. 그러면 말은 중간에 끊기거나 작아지고, 목소리는 안으로만 맴돈다. 머릿속에는 문장이 열 줄씩 돌아다니는데, 입 밖으로는 한 줄도 제대로 나오지 않는다.

수영을 하다 보면 몸이 먼저 리듬을 기억한다. 들이마시고, 멈추고, 길게 내쉬는 패턴이 반복된다. 이 리듬이 몸에 익으면 말할 때도 흐름을 탄다. 어깨와 턱에 들어간 힘을 조금 풀고, 한숨을 길게 내쉰 뒤에 말을 시작하면 좀 전에 막히던 문장이 끝까지 가는 순간이 온다.

"여기까지 한 문장. 다시 숨. 또 한 문장."

물속에서 한 번 더 버틴 숨이, 나중에는 회의실에서 한마디를 끝까지 밀어낼 힘이 된다. 힘을 줘서 버티는 것이 아니라, 필요한 만큼 힘을 주고 나머지는 빼는 연습이 말을 지탱한다. 수영은 분명 체력을 기르는 운동이지만, 내향인에게는 말하기를 위한 가장 훌륭한 몸 훈련이다.

굳이 수영이 아니어도 좋다. 걷기든 요가든, 호흡을 함께 쓰는 어떤 움직임도 도움이 된다. 중요한 건 기록이 아니라 감각이다. 한 호흡이 편안하게 이어지는 순간을 찾을 수 있다면, 그 호흡 위에 한 문장을 올릴 수 있다. 그 한 문장이 다음 문장을 부른다. 작은 움직임이 작은 말하기로 이어지고, 그 말들이 모여 결국 나를 설명하는 문장이 된다. 힘을 빼는 법을 배운 몸은 물 위에서도, 말 위에서도 조금 더 쉽게 뜬다.

한 호흡에 한 문장씩:

말하기 체력을 기르는 실전 루틴

몸이 조금 준비되면 목소리도 달라진다. 목소리는 타고난 재능만으로 결정되지 않는다. 준비와 훈련이 쌓이면 충분히 바뀐다. 내향인에게는 '크게, 오래, 화려하게' 말하려는 목표보다 '조용하지만 단단하게, 한 문장을 끝까지' 말하려는 방향이 더 맞다. 발성과 호흡은 이 힘을 기르는 도구다. 말의 내용만 다듬는 것으로는 충분하지 않다. 같은 문장을 말해도 어떤 사람의 말은 귀에 꽂히고, 어떤 사람의 말은 흩어진다. 그 차이는 '리듬'에서 온다. 수영에서 팔놀림과 호흡의 박자를 맞추듯, 말하기에서도 숨과 문장의 리듬을 맞추는 연습이 필요하다. 거창한 학원에 갈 필요는 없다. 집에서도 조용히 따라 할 수 있는 4단계 루틴을 소개한다.

첫째, 얼굴부터 푸는 준비운동 (이완)

좋은 소리는 목이 아니라 얼굴 근육에서 나온다. 턱과 입술, 혀가 굳어 있으면 소리는 입안에서만 맴돈다. 말하기를 앞두고 거울을 보며 얼굴과 입 주변 근육을 한 번 풀어 준다. 이 짧은 과정을 거치면 입이 더 잘 열리고 소리가 덜 막힌다.

1. 입을 '아에이오우' 순서로 최대한 크게 벌려 움직인다.

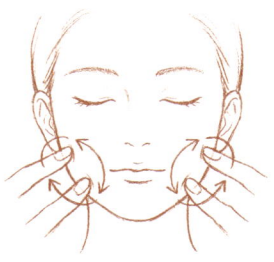

굳게 닫힌 말문을 여는 마사지

2. 뺨에 바람을 빵빵하게 넣고 5초간 유지했다가 '파' 하고 뺀다.

3. 입술을 단단히 오므렸다가 푸는 동작을 반복한다.

4. 혀로 입안을 청소하듯 시계 방향, 반대 방향으로 둥글게 돌린다.

5. 턱 아래를 손가락으로 마사지하며 긴장을 푼다.

6. "똑딱똑딱" 소리를 내며 입술과 혀의 긴장을 푼다.

둘째, 복식호흡으로 숨 고르기 (호흡)

배로 숨을 들이마시는 복식호흡은 수영과 말하기에 모두 필요하다. 복식호흡이 익숙해지면 숨이 깊어지고 목소리 울림도 넓어진다. 심장이 뛰는 속도가 조금 느려지면서 긴장도 가라앉는다. 무엇보다 한 호흡에 한 문장을 싣는 감각을 몸으로 익히게 된다.

1. 코로 5초간 천천히 숨을 들이마시며 배가 풍선처럼 부풀어 오르

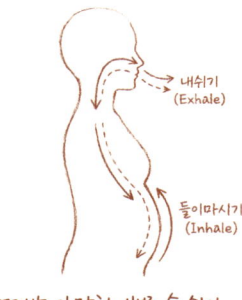

내쉬기
(Exhale)

들이마시기
(Inhale)

어깨는 가만히, 배로 숨 쉬기

는 것을 느낀다. (어깨가 들썩이지 않게 주의한다.)

2. 잠시 숨을 멈춘다. (이 멈춤이 중요하다. 3~5초간 멈춘다. 들이마시는 시간이 늘어나면 멈추는 시간도 차차 늘려보자.)

3. 입으로 7~10초에 걸쳐 가늘고 길게 숨을 내뱉는다. 숨이 모두 빠져나갔다고 느낄 때까지 다 뱉는다.

숨을 들이마실 때 억지로 배를 밀어내기보다, 먼저 어깨와 가슴 힘을 빼는 쪽이 좋다. 호흡 연습도 결국 힘을 빼는 연습이다. 처음에는 숫자를 세며 리듬을 익히다가, 조금 익숙해지면 짧은 문장과 함께 해보자.

"안녕하십니까, 발표자 김해리입니다."

"오늘은 내향인의 말하기에 대해 말씀드리겠습니다."

이 문장을 한 호흡으로 끝까지 밀어낼 수 있는지 확인하자. 중간에 숨이 모자라면 말의 속도를 조금 늦춘다. 내 숨에 맞는 속도를 찾는 과정 자체가 훈련이다.

셋째, 첫음절에 힘주기 (강조)

발음 연습의 핵심은 '완벽함'이 아니라 '전달력'이다. 모든 글자를 아나운서처럼 읽으려 하면 숨이 차서 끝까지 못 간다. 메시지의 중심이 되는 '키워드'와 '첫 글자'만 또렷하면 충분하다. 아래의 네 가지를 생각하면서 첫음절에 힘주기에 특히 신경 써보자.

1. 단어의 첫음절에 힘을 준다.
2. 모음은 입술 모양을 의식하며 연습한다.
3. 자음은 혀의 위치를 느끼며 또박또박 내 본다.
4. 입을 평소보다 더 크게 열겠다고 마음먹고 읽어 본다.

예를 들어 이런 문장을 소리 내어 읽어 볼 수 있다. 가장 좋은 연습은 자신의 말, 자신의 이름을 가지고 하는 것이다. 실제로 자주 말하게 될 문장을 직접 적고, 위 연습을 모두 적용해 본다.

"안녕하십니까, 발표자 김해리입니다."
"정확한 발음과 좋은 소리가 중요합니다."
"스피치에서 중요한 것은 기획력과 전달력입니다."

이때 마지막 글자인 '다'에도 첫음절처럼 힘을 주어 말하는 연습을 해두면 말끝을 흐리지 않게 된다. 연습할 때는 조금 과장되게 하는 편이 좋다. 실전에서는 이 과장이 자연스럽게 줄어든다. 모든 단어를 완벽하게 말하려 하지 않아도 된다. 핵심 단어만 한 번에 들리면 충분하다. 내향인의 말하기에서 중요한 힘은 '소리를 크게 내는 힘'보다 '핵심 단어를 정확히 건네는 힘'이다.

넷째, 노래하듯 리듬 타기 (리듬)

언어마다 고유한 리듬이 있다. 말이 빨라지면 이 리듬이 무너지면서 발음도 같이 흐려진다. 속도를 억지로 줄이려 하기보다, 말에 박자를 입히는 편이 더 쉽다. 노래처럼 박자를 타며 읽는 연습이 도움이 된다. 짧고 발음이 까다로운 문장을 골라 처음 소리부터 끝소리까지 또렷하게 이어가는 연습을 해 본다.

"경찰청 철창살이 쇠 철창살이냐, 철 철창살이냐."
"저기 저 뜀틀이 내가 뛸 뜀틀인가, 내가 안 뛸 뜀틀인가."
"상표 붙인 큰 깡통은 깐 깡통인가, 안 깐 깡통인가."

먼저 처음부터 끝까지 한 번 읽는다. 그다음 문장을 두세 덩어리로 나누어 사이사이에 짧게 멈춰 본다.

"경찰청 철창살이 / 쇠 철창살이냐, / 철 철창살이냐."

빠르게 읽으려 하지 말고, 첫음절에 힘을 주고, 덩어리마다 2초 정도 쉬어 간다는 느낌으로 읽어 본다. 첫음절에만 힘을 주는 것이 가장 중요한 포인트다. 연습 과정을 녹음해서 들어보면 훨씬 빠르게 발전한다.

조금 익숙해지면 긴 문장으로도 연습해 본다. 마치 말하기의 악보를 그리는 것과 같다. 어디에서 숨을 고를지 미리 표시해 두면 연습하기 편해진다.

"스피치를 잘하고 싶다면 //(숨)// 세 가지만 기억하세요.
첫 번째는 //(숨)// 체계적이고 간결한 //(숨)// 구성력입니다.
두 번째는 //(숨)// 호감을 주는 //(숨)// 목소리입니다.
마지막으로는 //(숨)// 적절한 제스처와 //(숨)// 미소입니다."
표시한 곳마다 잠깐 멈추며 숨을 고른다. 연습할 때는 평소보

말하기의 악보 그리기

다 느리게 읽고, 멈춤도 조금 과장해 본다. 이런 속도와 멈춤의 연습이 쌓이면 듣는 사람 눈과 귀에는 '말이 또렷하다'는 인상이 남는다. 말이 빨라질수록 듣는 사람의 귀에는 놓치는 단어가 많아진다. 이 연습을 반복하다 보면 내 말에서 귀에 꽂히는 속도와 리듬이 조금씩 잡힌다. 입을 풀고, 귀를 깨우고, 숨을 다듬는 것만으로도 내 말은 분명 달라진다. 리듬은 기술이 아니다. 말이 몸에서 나올 때 자연스럽게 흐르게 하는 감각이다.

목표는 멋있게 말하는 사람이 되는 일이 아니다. 내 숨에 맞는 말하기 리듬을 찾아 두는 일이다. 수영장에서 나에게 맞는 호흡 간격을 찾듯, 말하기에도 내 몸이 편안해하는 속도와 쉼의 자리가 있다. 그 자리를 찾아 두면 같은 문장을 말할 때도 덜 떨리고 더 선명하게 전할 수 있다.

연습 노트

긴장을 이완으로 바꾸는 '호흡과 멈춤' 익히기

이 연습은 운동을 통해 배운 '몸의 감각'을 '말하기'에 적용해 보는 시간입니다. '운동을 못 한다'는 평가 대신, '나는 어떤 움직임과 호흡에서 편안해지는 사람인가'를 살펴보려는 연습입니다. 말이 꼬이는 원인을 성격 탓으로 돌리는 대신, 내 어깨가 굳어 있는지, 숨이 어디에 멈춰 있는지를 생각해 봅시다. 내 몸이 기억하는 감각과 문장을 적어 두면 충분합니다.

✎ 지금까지의 나 살펴보기

운동과 말하기를 떠올릴 때 스스로에게 어떤 말을 가장 자주 건네 왔는지 먼저 정리해 봅니다. "나는 원래 운동을 못한다", "나는 숨이 약해서 말도 약하다"처럼 나를 묶어 두던 문장을 그대로 꺼내 보는 자리입니다. 그동안 내가 어떤 방향으로 나를 바라보고 있었는지 살펴봅니다.

◆ 운동을 떠올릴 때, 나는 보통 나를 어떤 사람이라고 불렀나요?

예시

"나는 운동 신경이 전혀 없는 사람이다."

"나는 숨이 약해서 오래 말할 수 없는 사람이다."

"나는 조금만 힘들어도 금방 포기하는 사람이다."

→ ....

....

◆ 말이 꼬이거나 숨이 찰 때, 내 몸의 어느 부위에 가장 먼저 힘이 들어가나요?

예시

어깨에 힘이 들어간다, 입술을 꽉 깨문다, 주먹을 쥔다 등

→ ....

....

◆ 평소 나의 '말하기 호흡'과 닮은 운동 습관이 있다면 체크해 보세요. 여러 개 골라도 괜찮습니다.

  □ 준비운동 없이 바로 본론(전력 질주)으로 들어간다

  □ 중간에 힘들어도 쉬지 않고 끝까지 가려다 지친다

  □ 내 호흡보다 남의 속도(러닝머신 속도)에 맞추려 애쓴다

  □ 몸에 힘을 잔뜩 주고 버티느라 근육통이 온다

✎ 새로운 시선 채우기

이번에는 같은 나를 다른 말로 불러 보고자 합니다.

"운동을 못 한다"가 아니라 "몸의 리듬을 천천히 익히는 중이다"라고 적어 보면 운동과 말하기의 의미가 조금 달라집니다. 운동과 호흡, 말하기를 한 리듬 안에서 다시 설명해 보는 자리입니다. 아주 작은 전환이어도 충분합니다.

◆ "나는 운동을 못 한다"라는 문장을, 내 몸을 배려하는 말로 바꿔 본다면 어떻게 될까요?

> 예시

"나는 몸이 새로운 리듬을 익히는 데 시간이 오래 걸리는 사람이다."

"나는 한 번에 멀리 가기보다 여러 번 반복하며 익숙해지는 편이다."

"나는 다른 사람 앞보다 조용한 공간에서 몸을 먼저 풀어야 숨이 편안해지는 사람이다."

→ ....

....

◆ 수영이든 걷기든 몸을 움직일 때 말하기에 도움이 된다고 느꼈던 지점을 한 줄로 적어 보세요.

> 예시

"호흡이 길어지면 문장도 끝까지 갈 수 있다는 걸 느꼈다."

"몸이 풀리면 떨림이 줄고 목소리가 조금 더 단단해졌다."

"한 번 더 버틴 숨이 한마디를 더 이어가게 도와줬다."

→ ....

....

◆ 앞으로 말하기 전에 '내용'보다 먼저 챙기고 싶은 '준비운동'은 무엇인가요?

> 예시

"입을 열기 전, 입술을 '푸르르' 떨며 긴장을 푼다."

"첫 마디를 뱉기 전, 반드시 숨을 내뱉고 시작한다."

→ ....

....

....

한 호흡 문장 만들기

이제 몸과 숨의 반응이 특히 선명했던 장면 하나를 떠올려 봅니다. 헬스장에서 숨고 싶었던 순간, 수영장에서 겨우 한 구간을 완주했던 날, 조용한 길을 걸으며 숨이 조금 편안해졌던 시간. 그때의 나를 지금의 언어로 다시 부르듯 한 문장을 적어 보는 곳입니다.

◆ 최근 긴장해서 말이 빨라지거나 머리가 하얘졌던 장면 하나를 떠올려 보세요.

→ ....

....

◆ 그 장면 속의 나에게, '잠시 멈춰도 괜찮다'는 신호를 주는 문장을 적어 보세요.

예시

"급할 것 없다. 물 한 모금 마시고, 숨 한 번 크게 쉬고 다시 하자."

"이 호흡으로는 딱 이 문장까지만 말한다. 그리고 쉰다."

→ ....

....

Action: 조용한 목소리 내보기

작은 목소리라도 좋습니다. 방금 쓴 문장들 중 마음에 드는 한 문장을 입 밖으로 꺼내 내 귀에 들려주세요. 생각에 머물던 문장에 내 호흡을 불어넣는 것, 그것이 진짜 '내 호흡으로' 말하는 첫걸음입니다.

◆ 소리 내어 읽어 보고 싶은 문장을 한 줄 골라 다시 적어 보세요.

"나는 운동을 못 하는 사람이 아니라, 내 호흡과 리듬을 천천히 익히는 사람이다."

→ ....

....

✎ 이번 연습을 마치며 가볍게 점검해 보기

모두 하지 못해도 괜찮습니다. 한 항목이라도 마음에 닿는다면 그곳에만 표시
해 보아도 좋습니다.

☐	운동과 말하기를 떠올리며 내 몸의 힘이 먼저 들어가는 곳에 대해 생각해 봤다
☐	"운동을 못 한다"는 말 대신 "내 숨과 리듬을 익히는 중"이라는 표현을 한 번 이라도 떠올려 보았다
☐	한 번에 멀리 가려는 욕심을 내려놓고, 문장을 짧게 끊어 읽는 연습을 했다
☐	내가 쓴 문장을 소리 내어 읽어 보았다

✧✧
✧ 선언합니다

"이번 연습에서 나는 숨 쉴 틈 없이 달리는 대신,
중간중간 멈춰 서서 '나만의 숨'을 고르기로 선택했습니다."

나만의 '보호막'으로 더 빛날 수 있었던 가수

가수 **시아**

팝스타라면 응당 화려한 조명 아래 얼굴을 드러내야 한다고 여기지만, 시아는 달랐다. 그녀는 얼굴을 가린 채 무대에 올랐고, 댄서에게 자신을 대신하게 했다. 사람들은 이를 천재 아티스트의 독특한 신비주의 전략이라 불렀지만, 정작 그녀에게 그것은 '생존'의 문제였다. 과거 그녀는 쏟아지는 유명세 속에서 심각한 공황 발작과 알코올 중독을 겪었다. 다시 노래하기 위해 그녀가 찾아낸 유일한 해법은 금발 가발로 얼굴을 덮는 것이었다. 인터뷰에서 그녀는 이렇게 말했다. "유명해지는 건 나를 불안정하게 만들어요. 그래서 가발을 썼어요. 이것은 나를 지키기 위한 일종의 '보호막(Protection)'이에요."

놀랍게도 이 거리감이 오히려 대중에게 더 강렬한 인상을 남겼다. 얼굴을 가리고 힘을 빼자 오히려 목소리는 더 선명하게 터져 나왔다. 〈Chandelier〉 속 폭발적인 고음은 그녀가 타인의 시선이라는 '긴장'을 차단했기에 가능했다. 시아는 보여준다. 긴장으로 숨이 막힐 때 우리에게 때로 필요한 건 더 잘하려는 노력이 아니다. 나를 짓누르는 시선을 물리적으로 차단하고, 내가 편안하게 숨 쉴 수 있는 '보호막'을 만드는 일이다.

8장

타인의 속도에
흔들리지 않는 말하기

무라카미 하루키
《달리기를 말할 때 내가 하고 싶은 이야기》
달릴 때는 누구와도 말할 필요가 없고,
누구의 말도 들을 필요가 없다.
이것이 내가 달리는 이유 중 하나다.

가장 서툰 곳에서 다시 시작하다:
멈추지만 않으면 도착한다

내가 수영을 하게 될 줄은 상상하지 못했다. 물은 내 인생에서 두 번째로 무서운 존재였다. 첫 번째는 고소공포증이었다. 이미 소심하고 내향적인 성격이라 불편한 게 많은데, 왜 이렇게 무서워하는 대상은 또 많은지 스스로도 답답했다. 그런 내가 어느 날 수영장 등록을 검색하고 있었다.

나이가 들수록 같은 생각이 자주 떠올랐다. 남는 시간은 어떻게 쓰는 것이 좋을까. 일을 언제까지, 어떤 방식으로 이어가고 싶을까. 강의라는 일을 계속하는 이상 사람 앞에 서는 순간은 줄어들지 않을 텐데, 내 안의 두려움은 예전만큼 줄지 않는다. 그러다 문득 이런 생각이 들었다. '차라리 나답지 않은 일을 한번 해 보자.' 평소의 나라면 절대 하지 않을 선택. 두려움이 너무 커서 애초에 목록에도 올리지 않았던 일. 그 목록 맨 위에 수영이 있었다. 시작해서 안 맞으면 그만두면 된다고, 스스로에게 여러 번 말해 주었다. 그 말 덕분에 겨우 첫발을 떼었다.

수영복과 수모, 물안경을 샀다. 수영장에 가면 어디로 가야 하는지, 무엇부터 해야 하는지 아무것도 몰랐다. 수영 카페에 가입해서 '초보'라는 글자를 포함한 글들을 모조리 읽었다. 정보를 충분히 모은 뒤에야 동네 수영장 1일 입장권을 끊었다. 입구를 찾는 일부터 어색했고, 탈의실에서 수영복을 입는 일조차 서툴렀다. 이렇게 큰 마음을 먹고 유아풀에 발만 담갔다.

머리를 물에 넣을 수 있어야 수영을 할 수 있다고 했는데, 물이 얼굴에 닿자마자 공포가 밀려왔다. 얼굴은 제대로 들어가지도 않는데 숨부터 막혔다. 다시 마음을 다잡고 이번에는 물속에 얼굴을 푹 넣었다. 물이 머리 꼭대기까지 차오르는 느낌이 들자, 곧 죽을 것만 같았다. '아, 나는 물 공포가 꽤 심각하구나.' 그날은 유아풀에 그냥 앉아 세수하듯이 얼굴만 물에 댔다 떼기만 했다. 그런 날들이 몇 번 이어졌다. 수영장에 가서 몸만 담그고, 머리만 넣었다가 빼고, 다시 집으로 돌아왔다.

네 번째쯤 수영장에 갔을 때, 처음으로 얼굴을 온전히 물속에 담갔다. 잠깐이지만 숨을 참을 수 있게 되었다. 수영장 물속에 머리를 넣었다 뺐다 하는 그 짧은 반복이 그날의 전부였다. 누군가는 한 번에 끝내는 단계를 나는 여러 날로 쪼개서 밟고 있었다. 그 무렵, 경쟁이 치열하다고 소문난 동네 구립 수영장 등록에 성공했다. 몇 달 동안 고민만 하다가 겨우 신청을 눌렀다. 등록에 성공하면 가야지, 못 다니겠으면 그때 그만두자. 그렇게 생각했다. 힘들면 그만두면 된다는 여지를 남겨두지 않으면, 아예 시작도 못 할 것 같았다.

사십이 넘도록 수영복을 입고 수영장에 가 본 경험이라고는 구민회관 수영장 몇 번이 전부였다. 그런 내가 수영 강습을 듣는다니, 등록 문자를 받았을 때는 설렘보다 막막함이 먼저 올라왔다. 수영복을 입고 있는 내가 너무 부끄러울까 걱정했지만, 막상 강습 첫날에는 물이 더 무서워서 다른 부끄러움을 생각할 틈이 없었다. 첫날은 그래도 견딜 만했다. 코로 물을 내뿜는 음파 호흡만 알려주고, 한 시간 내내 그것만 반복했다. 사실 음파도 제대로 되지 않았다. 물속에서 숨을 내쉬는 일 자체가 막막했다.

복식호흡으로 보이스 트레이닝을 오래 해 왔지만 수중 호흡은 전혀 다른 과제였다. 물속에서 숨을 내쉬고, 물 밖에서 들이마시는 호흡은 머리로는 이해되는데 몸이 따라오지 않았다. 집에 돌아와 소파에 앉아 상상 속 수영장에 들어갔다 나오는 연습을 했다. 생각날 때마다 숨을 내쉬고 들이마시는 감각을 다시 확인했다. 운동신경도 좋지 않고, 운동을 오래 해 본 경험도 거의 없었다. 발차기도 쉽지 않았다. 열심히 발차기를 한 날은 집에 와서 몸살처럼 앓았다. 그래도 시간이 나면 자유 수영 시간을 찾아 수영장에 갔다. 강습에서 진도를 따라가지 못하는 일이 걱정되었기 때문이다. 유아풀에서라도 호흡 연습을 더 하고 돌아와야 마음이 조금 놓였다.

처음부터 거창한 결심을 한 건 아니다. '이번 달까지만 다녀 보자', '이번 주까지만 버텨 보자' 이런 생각으로 수업을 이어 갔다. 그 말들이 매번 유효 기간을 연장하면서 어느새 몇 달이 지났다. 불편하고 어려운 일을 반복해서 겪는 일은 분명 에너지를 소모하지만, 한편으로는 낯섦을 조금씩 줄이는 힘도 있다. 공포가 갑자기 사라지지는 않았지만, 모서리가 아주 조금씩 닳아 없어지는 느낌이다.

어느 날에는 마음이 답답할 때 일부러 수영장을 찾는 나를 발

건했다. 차가운 물이 몸을 감싸면 정신이 맑아졌다. 누군가는 "불안과 우울은 수용성이라 물에 녹아내린다"고 말했다. 과학적인 설명인지 따져 보지는 않았다. 다만 수영장에 다녀온 날에는 확실히 마음이 가벼워졌다. 어제보다 발차기가 조금 부드러워졌다는 사실만으로도 기분이 꽤 좋아졌다.

물론 나는 여전히 느리고 서툴다. 강습 반에서 빠르게 진도를 나가는 사람들 앞에서, 내 호흡과 동작은 자꾸 흐트러진다. 이제는 이런 생각이 먼저 든다. '안 되면 다시 배우면 되지. 쉬었다가 또 등록하면 되지.' 예전 같았으면 '이 나이에 이 정도도 못하나'라는 말이 먼저 떠올랐을 것이다. 느린 속도 자체보다, 그 속도를 바라보는 시선을 조금씩 바꾸는 중이다. 며칠, 혹은 한참을 쉬는 날이 생기더라도 그만두지 않는 것. 나에게 수영은 그 목표 하나만으로도 의미 있는 활동이 되어 가고 있다.

주말 이른 아침, 텅 빈 유아풀을 혼자 쓰는 시간이 좋다. 예전 같으면 상상도 못 할 장면이다. 그토록 두려워하던 물 위에 내 몸이 떠 있다. 때때로 앞으로도 나아간다. 물살에 몸을 맡긴 채 호흡을 맞추는 일이, 나에게도 가능하다는 걸 이제는 안다. 서툰 곳에서 다시 시작해도, 멈추지만 않으면 언젠가 도착한다.

침묵을 견디는 마음의 근육:
느려도 선명하게 전달하면 된다

수영장 레일 앞에 서 있을 때와 강의실 문 앞에 서 있을 때의 긴장은 닮아 있다. 둘 다 한 발만 더 내디디면 깊은 곳으로 들어가는 순간이다. 수영장에서는 실제 물속으로, 강의실에서는 사람들의 시선 속으로 들어간다. 내 안에서는 비슷한 회로가 켜진다. 뇌과학자들은 편도체가 위협으로 느낀 기억을 오래 붙잡는다고 한다. 그 기억을 바꾸는 방법은 생각보다 단순하다. '안전한 조건 안에서 반복해서 다시 겪는 것'이다. 완전히 편해지지 않아도, '이 정도는 견딜 수 있다'는 경험을 뇌에 입력하는 과정. 수영장은 그 연습을 몸으로 반복해 보는 자리였다.

나는 빠르고 강한 움직임이 잘 맞지 않는다. 몸도 그렇고 말도 그렇다. 누군가는 빠르게 진도를 나가고 속도감 있게 대화를 주도하며 에너지를 얻지만, 나는 대체로 천천히 움직일 때 숨이 덜 찬다. 이 속도가 가끔은 답답하게 느껴지기도 한다. 남들은 저만큼 앞서가는데 나만 제자리걸음인 것 같아 조바심이 난다. 그래도 결국 나에게 맞는 속도는 이 '느림' 속에 있다. 말할 때도 비슷하다. 질문을 받으면 대답이 빨리 나오지 않고, 말을 속으로 한번 더 씹어 본 뒤에야 입을 연다. 대신 그렇게 뜸 들여 꺼낸 문장은 가볍지 않다.

수영을 할 때 몸이 따르는 흐름과 강의에서 말을 꺼낼 때 마음이 따르는 흐름을 자주 겹쳐 본다. 숨을 깊게 들이마시고, 잠깐 머금었다가, 길게 내쉬는 과정이 있다. 겁이 나도 팔과 다리를 움직여 한 번 더 나아가 보는 시도가 있다. 팔 젓기 한 번, 발차기 한 번은 아주 작은 동작이다. 그래도 그 작은 동작이 쌓여야 레인 끝에 도달할 수 있다. 말도 같다. 완벽한 강의를 한 번에 만드는 사람은 없다. 한 문장, 한 숨, 한 작은 질문이 쌓여 어느 날 '그래도 여기까지 왔구나' 하고 느끼는 순간이 찾아온다.

행복과 자존감도 비슷한 방식으로 작동한다. 김학진 교수의 책을 읽다가 이런 문장에 밑줄을 쳐 두었다. "행복감은 오랜 절제 끝에 갑작스러운 변화가 선물하는 찰나의 경험이다. 따라서 행복은 그 찰나의 경험을 추구하는 일이 아니라 절제의 시간을 오래도록 쌓는 노력일 수밖에 없다." 특별한 사건이 모든 것을 바꾸는 것처럼 느껴지는 날이 있다. 수영으로 치면, 처음으로 레인을 끝까지 간 순간이다. 그러나 그 순간에는 수없이 들어가고 나왔던 유아풀, 수업 전에 혼자 연습한 코 호흡, 실패하고 물을 먹던 시간이 빽빽하게 다 들어 있다. 그 시간이 없었다면 '처음 레인을 완주했다'는 날도 없었다.

말하기도 그렇다. 누군가의 눈에는 '큰 강의를 성공시킨 하루' 만 보일지 모른다. 정작 내 몸에는 그 전에 떨리는 목소리로 했던 소규모 강의, 취소하고 싶었던 약속을 겨우 지켜낸 날, 질문 한 줄을 간신히 꺼냈던 회의가 차곡차곡 남아 있다. 그날의 나는 늘 조금 뒤에 서 있는 사람처럼 느꼈지만, 그 자리를 떠나지 않았다는 사실만으로 이미 훈련은 진행 중이었다.

타인의 속도에 흔들리지 않는 말하기는 거창한 기술에서 시작되지 않는다. 몇 가지 작은 해석을 바꾸는 일에서 시작된다. 대화 자리에서도, 새로운 기술을 익히는 과정에서도, 먼저 나서기보다는 상황을 보고 움직일 때가 많다. 예전에는 그 모습을 '뒤처진다'라고 해석했다. 이제는 조금 다르게 본다. 남의 속도를 따라가기보다, 내 몸과 마음이 견딜 수 있는 폭을 확인하는 방식이다. 사소하지만, 이 해석이 바뀌면 침묵을 견디는 힘도 달라진다. 아무도 없는 유아풀에 혼자 한참 남아 있을 때, 예전 같으면 '왜 이렇게 느리지'라는 말이 먼저 떠올랐을 것이다. 이제는 '그래도 이 자리까지 나온 내가 참 기특해'하고 생각한다.

말하기 장면에서도 비슷한 순간이 있다. 회의에서 누군가 나를 향해 묻는다. "그래서 선생님 생각은 어떠세요?" 모두의 시선이 한꺼번에 쏠린다. 예전에는 그 정적을 참지 못해, 준비되지 않은 말을 급히 꺼냈다. 이제는 마음속에서 이렇게 말한다. 조금만 더 기다려도 괜찮다고. 머릿속에서 문장을 한 번 정리한 뒤 입을 열어도 늦지 않다고. 그 몇 초를 버티는 힘이 생기면 말의 속도가 비록 느려도 내용은 훨씬 선명해진다.

수영장 물속에서 배우는 것은 단순히 발차기와 호흡이 아니다. 나에게 맞는 속도로 반복하는 연습이다. 말하기도 마찬가지다. 남들이 빠르게 치고 나갈 때, 덩달아 빨라지면 넘어진다. 내향인에게 필요한 건 뛰어난 입담과 속도가 아니라 '침묵을 견디는 마음의 근육'이다. 대답이 바로 나오지 않아도 괜찮다. 잠시 멈추고, 생각하고, 내 속도대로 말해도 아무 일도 일어나지 않는다. 그 2, 3초의 정적을 견디는 힘이 곧 당신의 말이 된다.

자꾸 뒤로 처지는 것 같아도, 완전히 멈추지만 않으면 언젠가 내 속도에 맞는 길이 조금씩 보이기 시작한다. 수영장 물속에서건, 강의실 앞에서건, 혹은 아주 작은 회의 자리에서건. 그 길을 찾는 동안 내가 할 수 있는 일은 하나다. 타인의 속도가 아니라 내 속도를 기준으로 입을 여는 것. 그 느린 반복이 내 삶의 반경을 조금씩 넓혀 주고 있다.

연습 노트

타인의 속도에서 벗어나, 나만의 속도로 들어가는 연습

이 연습은 '나는 왜 늘 늦게 시작할까' 하는 생각으로 나를 몰아붙이기보다, 내가 평소에 어떻게 말하고 움직이는 사람인지 다시 살펴보는 시간입니다. 줄 맨 뒤에 서 있던 경험, 말문을 늦게 열었던 때를 떠올리며, 그때의 나를 다른 말로 불러주는 연습입니다. 종이 위에 적다 보면 '늦게 시작하는 나'를 탓하는 시선 대신 '내 방식으로 시작하는 나'를 조금 더 이해하게 됩니다.

✏️ 지금까지의 나 살펴보기

어떤 자리에 들어갈 때마다 늘 뒤로 밀려난다는 느낌은 오래 남습니다. 맨 앞이 아니라 뒤에 있는 자신을 떠올리면, 자연스럽게 따라붙던 해석이 있었을 것입니다. 이 연습에서는 그동안 내가 내 자리와 속도를 어떻게 평가해 왔는지 차분히 적어 봅니다.

◆ 사람 많은 자리에서 줄 맨 뒤에 서 있던 일, 강의나 회의에서 늘 늦게 입을 열게 되었던 경험이 떠오른다면 한 장면만 골라 적어 보세요.

→

◆ 그 경험 속에서, 나는 스스로를 어떤 사람으로 판단하고 있었나요?

예시

'준비가 안 된 사람' '능력이 부족한 사람' '눈치만 보는 사람' 등

→

◆ 남들보다 늦게 움직이는 나를 돌아볼 때, 자동으로 떠오르던 말은 무엇이었나요?

예시

"왜 나는 늘 시작이 이렇게 늦을까."

"또 뒤처졌다."

→

✎ 새로운 시선 채우기

같은 장면을 다른 각도에서 봅니다. 줄 맨 뒤에 서거나 진입이 느린 자리로 가는 것, 늦게 출발하는 건 잘못된 게 아니라, 더 깊게 관찰하고 있다는 증거일 수 있습니다. '느림'을 '신중함'으로 바꾸는 새로운 이름을 지어 줍니다.

◆ 남들보다 천천히 반응했기 때문에 내가 볼 수 있었던 것은 무엇인가요?

예시

"급하게 말하느라 놓칠 뻔한 핵심을 파악했다."

"다른 사람들의 의견을 충분히 듣고 나서 정리된 발언을 할 수 있었다."

→

_____

_____

_____

◆ 앞으로는 '조금 늦게 시작한 나'를 어떤 말로 불러 주고 싶은지 적어 보세요.

예시

'출발이 느린 사람'이 아니라 '충분한 예열이 필요한 사람'

'늘 뒤처지는 사람'이 아니라 '전체를 조망하는 사람'

→

_____

_____

_____

◆ 강습이나 회의, 모임에서 늘 뒤쪽에 서 있었다면, 그 자리를 나에게 어떤 공간으로 새로 정의해 줄 수 있을까요?

예시

"나는 줄 맨 뒤를, 숨을 고를 수 있는 자리라고 불러 주겠다."

"나는 진도가 빠른 반에서, 내 호흡을 점검하는 사람으로 남겠다."

→

_____

_____

_____

✎ 한 호흡 문장 만들기

어느 순간에는 맨 뒤에 서 있던 자신의 어깨가 유난히 무거웠을 수 있습니다. 그 장면을 떠올린 뒤, 그때의 나에게 새로 건네고 싶은 한 문장을 골라 적어 봅니다. 이 한 문장은, 같은 상황을 다시 만났을 때 꺼내 쓸 수 있는 작은 발판이 됩니다.

◆ 순서를 기다리며 초조해했던 나에게, 지금의 내가 건네고 싶은 말을 한 문장으로 적어 보세요.

 예시

"지금 이 자리도 출발선이야. 나한테 맞는 속도로만 나아가면 돼"

"모두가 앞에 서 있어도, 나는 내 호흡이 괜찮은지부터 확인하겠어."

→

✎ Action: 조용한 목소리 내보기

작은 목소리라도 좋습니다. 방금 쓴 문장들 중 마음에 드는 한 문장을 입 밖으로 꺼내 내 귀에 들려주세요. 생각에 머물던 문장에 내 호흡을 불어넣는 것, 그것이 진짜 '내 호흡으로' 말하는 첫걸음입니다.

◆ 소리 내어 읽어 보고 싶은 문장을 한 줄 골라 다시 적어 보세요.

→

✎ 이번 연습을 마치며 가볍게 점검해 보기

모두 하지 못해도 괜찮습니다. 한 항목이라도 마음에 닿는다면 그곳에만 표시해 보아도 좋습니다.

☐	남들보다 늦게 시작한 장면을 하나 떠올리고, 그때의 나를 어떤 눈으로 바라보고 있었는지 생각해 보았다
☐	줄 맨 뒤에 서 있던 나에게 새로운 이름과 자리를 하나쯤 마련해 주었다
☐	뒤로 처진다고만 느꼈던 순간에, 나에게 맞는 속도가 숨어 있을 수도 있다는 생각을 잠깐이라도 해 보았다
☐	내가 쓴 문장을 소리 내어 읽어 보았다

✧✧ 선언합니다

"이번 연습에서 나는 타인의 속도를 의식하는 대신,
'나만의 속도'를 지키며 완주하기로 선택했습니다."

조용한 눈, 느린 손의 미학

기업인 **워렌 버핏**

세계 최고 투자자 워렌 버핏은 카메라 앞에서 소리치지 않는다. 마치 말 한마디 한마디를 오랫동안 숙성시킨 사람처럼 행동한다. 자신을 '천성적으로 매우 내향인'이라 칭하는 그는, 화려한 월가를 떠나 고향 오마하 사무실에서 매일 똑같이 신문을 읽고 생각한다. 시장이 소문으로 요동칠 때 혼자 읽고, 계산하고, 오래 들여다본다.

"남들이 탐욕스러울 때 두려워하고, 남들이 두려워할 때 탐욕스러워라." 이 유명한 조언은 감정 소음에서 멀찍이 떨어져 혼자 생각할 줄 아는 사람만이 가지는 태도다. 내향적이라 함은 감정이 메말랐다는 뜻이 아니라, 감정에 휘둘리지 않고 거리를 둔다는 뜻이다. 말보다 읽기, 설득보다 기록하기를 택한 그의 투자는 철학이 되었다. 남들보다 느려도 깊이 본다면 더 멀리 간다는 것을 보여주는 삶. 결국 침착함이 가장 강력한 경쟁력임을 그는 평생에 걸쳐 증명하고 있다.

9장
반복으로 단단해지는
'말하기 회복력'

한 번에 잘하는 사람은 없다:
멈춘 자리에서 다시 시작하기

수영장 기초반을 처음 마쳤을 때 나는 당연히 다음 단계로 올라갈 줄 알았다. 숨은 자주 끊기고 코로 물이 들어오는 느낌이 여전히 무서웠지만 이미 마음은 초급반에 가 있었다. 수강 신청을 앞두고 강사님이 나를 똑바로 보며 말했다. "기초를 한 번 더 들으시면 좋아요." 모두에게 하는 말 같았지만 그 짧은 문장 사이로 나와 여러 번 눈이 마주쳤다. 결국 기초 1을 다시 신청했다. 여전히 숨이 가빴지만 두 번째 수업에서는 반에서 한 가운데쯤 간다는 느낌이 들었다. 더 안심이 된 점은 초급반까지 갔다가 다시 내려와 기초를 반복하는 사람이 꽤 있었다는 사실이었다. 그제야 비로소 인정하게 되었다. 사람마다 속도가 다르고 각자의 속도로 배우면 충분하다는 단순한 진실을 외면한 채 오랫동안 나에게 서두름을 강요해 왔음을.

수영은 처음으로 내가 내 발로 꾸준히 찾아간 운동이다. 예전에도 여러 운동을 시도했지만 오래 이어지지 않았다. 함께 팀을 이뤄야 하는 활동은 늘 부담스러웠다. 헬스장처럼 내 몸이 그대로 드러나는 공간도 편하지 않았다. 수영장은 조금 달랐다. 수영복을 입을 때의 부끄러움만 견디면 물속에서 몸과 얼굴이 적당히 가려진다. 물속에서는 나에게 집중할 수 있다. 남의 시선이 완전히 사라지는 것은 아니지만 훨씬 줄어든다. 덜 신경 쓰인다. 그 덜함이 내게는 아주 컸다.

여전히 나는 수영을 잘 못한다. 물이 얼굴을 타고 내려오면 몸이 먼저 긴장한다. 그럼에도 머리를 완전히 물속에 담그는 순간 잠깐 다른 세상에 들어간 것처럼 주변이 조용해진다. 내 손과 발이 물을 가르는 소리만 가까이 들린다. 그 고요함이 좋다. 물 위에 몸이 가볍게 떠오르는 느낌은 '나도 물 위에서 버틸 수 있구나' 하는 작은 안심을 준다. 이 감각이 생기자 물속이 예전보다 덜 낯설게 느껴졌다. 상급반에 가지 않아도 괜찮다. 언젠가 한 코스라도 편안하게 건널 수 있다면 그걸로 충분하다고 스스로에게 말해 준다.

운전도 내게는 비슷한 역사다. 대학 시절 눈이 쌓인 어느 날 면허를 땄지만 실제 운전은 오랫동안 미뤄 두고 살았다. 한여름, 강의 일을 본격적으로 시작하고서야 다시 마음을 다잡았다. 지방 강의를 다녀오려면 더 이상 미룰 수 없었다. 어렵게 연수를 신청하고 겨우 도로에 섰다. 오래된 차의 핸들은 유난히 무겁게 느껴졌다. 비가 오면 유리창을 두드리는 소리만으로도 어깨가 굳었다. 차선 변경을 못 해 목적지를 지나치기도 했다. 뒤차가 경적을 울리면 식은땀이 흘렀다. 혼자 운전하고 돌아오는 길에는 온몸이 욱신거렸다. 겁이 날 때마다 차 안에서 혼잣말을 했다. "다른 사람은 다 하는 일인데 왜 이렇게 어렵게 느껴질까." 그래도 그날 정해 둔 목적지만큼은 어떻게든 도착했다. "오늘도 해냈다."

시간이 지나 지금은 운전을 꽤 안정적으로 한다는 말을 듣는다. 운전이 특별히 즐겁지는 않지만 한 가지는 분명하게 알게 되었다. 마음이 편하지 않아도 다시 하면 익숙해진다. 속도가 느려도 반복하면 길이 조금씩 넓어진다. 수영도, 운전도 그랬다. 기초반을 여러 번 다시 듣고, 연수 시간을 더하며 조금씩 앞으로 나아갔다. 그 반복 덕분에 지금의 나는 예전보다 훨씬 먼 곳까지 스스로 이동할 수 있다. 삶의 반경과 일의 범위도 함께 넓어졌다.

말하기도 마찬가지다. 발표를 잘하는 사람은 한 번에 완벽하게 말하는 사람이 아니라, 막혔을 때 다시 들어갈 통로를 알고 있는 사람이다. 수영 기초반을 다시 듣듯, 같은 발표를 여러 번 다듬어도 된다. 중요한 것은 '처음부터 실수하지 않는 것'이 아니라 '멈췄을 때 어디에서 다시 시작할지 정해 두는 것'이다.

끊겨도 다시 잇는 힘:
나만의 '복귀 문장' 만들기

내가 믿으려 하는 문장은 단순하다. 빠르지 않아도 된다. 멈추어도 된다. 다만 포기하지 않고 다시 시작하면 된다. "작심삼일이 백 번이면 삼백일"이라는 말처럼, 반복에 대한 농담은 오랫동안 내 마음속 기도문처럼 남았다. 여전히 쉽게 남과 속도를 비교하고 종종 마음이 조급해진다. 그래서 더 의식적으로 내 속도를 택하려 한다. 오늘의 나는 어제의 나와만 비교하겠다고, 어제보다 한 동작만 더 익히겠다고, 그렇게 적어 두고 수영장에 들어간다. 그렇게 강의실에 들어간다. 그 정도의 다짐이면 충분하다. 나의 느림은 나만의 방식이고 그 방식대로 앞으로 나아간다.

말하기도 이와 같다. 한 번 막히면 잠깐 멈춰도 된다. 숨을 한 번 고르고 입술에 얹을 첫 단어만 다시 꺼내면 된다. 사람들 앞에서 문장이 끊기면 마음이 먼저 무너지는 것 같지만, 사실 다시 이어 주는 것은 기술보다 태도에 가깝다. 말이 끊길 때면 이 문장을 자주 떠올린다. "지금부터 핵심을 다시 말씀드리면요." 이 한 줄로 방향을 다시 잡고 물 한 모금을 마신 뒤 천천히 다음 문장을 이어 간다. 나만의 '복귀 문장'이다. 이 정도면 충분할 때가 많다. 오늘도 의식적으로 내 속도를 고른다. 어제보다 한 문장만 더, 한 번만 더 시선을 들어 청중을 본다. 그렇게 정해 둔 작은 기준이면 괜찮다.

청중은 말하는 사람의 속도보다 방향을 먼저 느낀다. 너무 매끄러운 설명보다 중간에 잠시 멈추었다가 다시 이어지는 말에서 진심을 더 또렷하게 읽어낼 때도 있다. 서툰 말하기가 전달하려는 내용을 반드시 흐리는 것도 아니다. 오히려 서툰 표현이 말하는 사람의 마음을 보여주기도 한다. 그래서 이제는 완벽을 목표로 하기보다 '다시 말할 준비'를 더 중요하게 생각한다. 이 준비는 거창하지 않다. 나만의 복귀 문장을 하나 정해 두고, 말이 막히는 순간 그 문장을 떠올리는 연습을 혼자 해 보는 정도다. 문장이 막혔을 때 몸이 어떻게 굳는지, 시선은 어디로 향하는지(PPT만 보는지, 바닥을 보는지), 손은 무엇을 하는지 가볍게 메모해 보는 것도 도움이 된다. 이런 작은 관찰이 쌓이면 멈추는 시간은 짧아지고, 다시 이어가는 힘은 단단해진다.

나는 여전히 예민한 기질을 가지고 있다. 일레인 아론의 민감성에 대한 자가 진단을 다시 해보니 오히려 예전보다 훨씬 많은 항목에 '그렇다'라고 표시하게 되었다. 특히 이런 항목이 눈에 들어왔다. "사람들이 불편해하는 상황을 보면 어떻게 하면 조금 더 편안해질지 떠올린다." 이 문장에 나는 이제 자신 있게 "그렇다"고 답한다. 예전에는 '단점'이라고 느꼈던 항목들이 이제는 '능력'으로 보였다. 그 민감함 덕분에 사람 사이의 분위기를 읽고 장면을 부드럽게 바꾸는 힘도 함께 자라났음을 안다.

이제 나에게 건네는 질문을 조금 바꾸어 보자. "왜 잘 안됐을까"에서 "다음에는 어떻게 다시 해 볼까"로. 어느 날이 마음에 들지 않아도 다음 시도를 준비할 수 있으면 이미 많은 부분을 지켜낸 셈이다. 수영 기초반을 반복해 듣는 일, 연수 시간을 늘려 운전대를 다시 잡는 일, 강의 중에 마음이 흔들려도 "지금 핵심부터 다시 말씀드리겠습니다"라고 입을 여는 일. 이 모든 장면에는 같은 문장이 숨어 있다. "멈춰도 다시 해 볼 수 있다." 이 문장을 루틴으로 삼아 보자.

내향적인 사람에게는 준비되지 않은 말하기를 반복해서 밀어붙이는 방식이 잘 맞지 않는다. 그래서 무턱대고 "자꾸 해 보면 된다"는 말을 쉽게 믿지 않으려 한다. 내가 특히 힘들어하는 상황이 무엇인지, 그래도 숨이 조금은 편안해지는 환경이 어디인지 천천히 떠올려 본다. 먼저 편안한 장면 안에서 말하기를 연습하고, 거기에서 얻은 감각을 조금씩 넓혀 나가는 편이 내향인에게 더 안전하다.

우리에게 필요한 말하기 훈련은 '무조건 끝까지 버티기'가 아니라 '언제 멈추고 어떻게 돌아올지 미리 정해 두기'에 가깝다. 물속에서 숨이 차면 잠시 벽을 잡고 쉰다. 충분히 숨을 고른 뒤 다시 앞으로 나아간다. 말하기도 비슷하다. 어느 순간에 멈출지, 어떤 문장을 복귀 지점으로 삼을지 미리 적어 두면 좋다. "지금까지 말씀드린 내용을 한 줄로 정리하면요." "여기에서 잠깐 숨을 고르고 다시 이어가겠습니다." 몇 줄만 준비해 두어도 머리가 하얘지는 순간 완전히 멈추지 않고 다시 길을 찾을 수 있다. 이런 준비는 혼자서도 충분히 할 수 있다. 종이에 짧게 적어 보는 것만으로도 다음 장면에서 마음이 조금 가벼워진다.

돌아보면 나는 늘 천천히 움직이는 사람이었다. 기초를 여러 번 반복해도 괜찮다고 스스로를 설득하는 데 오랜 시간이 들었다. 그럼에도 지금 이 글을 쓰고 있다는 사실 하나는 분명하다. 느리게, 조용히, 그래도 앞으로 나아왔다는 증거다. 이 장을 읽는 동안 독자도 자신의 속도를 한 번 떠올려 보았으면 좋겠다. 빠르게 올라가지 못했다고 스스로를 몰아붙이기보다, 오늘 다시 수영장에 간 사람, 오늘 다시 운전대를 잡은 사람, 오늘 다시 한 문장을 끝까지 말해 본 사람이 되었다는 점을 조금 인정해 주었으면 한다. 우리에게 중요한 것은 한 번의 완벽한 장면이 아니라 여러 번의 '다시'다. 이 '다시'가 차곡차곡 쌓이면 어느 날 문득 자신의 속도로 꽤 먼 곳까지 걸어 나온 사람을 마주하게 될 것이다.

몸으로 이완을 배우고(7장), 타인의 속도에서 빠져나와 나만의 박자를 찾았다면(8장), 이제 9장은 한 번에 잘하지 않아도 다시 들어갈 수 있는 구조를 만드는 이야기다. 내 속도를 인정하고, 다시 말할 문장을 준비하고, 멈출 지점을 미리 정해 두는 것. 이 세 가지가 갖춰질 때, 내향인의 말하기는 느리지만 단단한 힘을 갖게 된다. 이 힘으로 4부에서는 말 바깥의 삶과 관계로 걸어 나가 보려 한다.

연습 노트

실수해도 무너지지 않는 '말하기 회복력' 키우기

이 연습은 남들보다 느리거나, 혹은 중간에 멈춰 섰던 순간들을 '실패'가 아닌 '과정'으로 재해석하는 시간입니다. 중요한 건 한 번에 잘하는 게 아니라, 멈췄을 때 다시 시작하는 힘입니다. 질문에 답을 써 내려가며 '왜 나는 자꾸 멈출까'라는 생각보다는 '언제든 다시 시작할 수 있다'는 안도감이 자리 잡습니다.

지금까지의 나 살펴보기

남들보다 늦게 익힌다는 이유만으로, 기초를 반복한다는 이유만으로 스스로를 몰아붙였을 수 있습니다. 그때 마음속에서 오가던 문장을 그대로 적어 보세요. 조금 거칠고 엄격한 말이어도 괜찮습니다. 이 방향을 눈앞에 꺼내 보는 것만으로도 중요한 시작입니다. 한 줄만 떠올려 보아도 충분합니다.

◆ 기초 과정을 반복하거나, 같은 실수를 했을 때 나도 모르게 튀어나오던 말은 무엇인가요?

예시

"다른 사람은 다 잘하는데, 나는 왜 이렇게 느릴까."

"기초를 또 반복하는 나는 역시 재능이 없는 것 같다."

"이 정도 속도면 앞으로도 큰 변화는 없을 거야."

→ _____

_____

◆ 나의 속도와 반복을 떠올릴 때, 습관적으로 비교했던 대상은 누구였나요?

예시

'준비가 안 된 사람' '능력이 부족한 사람' '눈치만 보는 사람' 등

→ _____

_____

◆ 남들보다 늦게 움직이는 나를 돌아볼 때, 자동으로 어떤 행동을 하게 되나요?

예시

어깨에 힘이 들어간다, 입술을 꽉 깨문다, 주먹을 쥔다 등

→ _____

_____

✎ 새로운 시선 채우기

이제는 같은 장면을 조금 다른 방향에서 바라보고 싶습니다. '빨리 올라가야 한다'는 생각 대신, '내 속도로 반복하면서 덜 낯설어진 길'을 떠올려 보세요. 기초를 다시 배우면서 생긴 안심, 수차례 운전을 반복하며 넓어진 생활 반경, 여러 번의 말하기 시도 끝에 조금은 편안해진 장면을 떠올리며 앞으로 나에게 건

네고 싶은 마음가짐을 적어 봅니다. 한 번에 완성하려 하기보다, 가볍게 몇 줄만 써 보셔도 괜찮습니다.

◆ '기초를 다시 배운다'는 상황을 조금 더 좋은 기회로 생각하면 어떻게 표현할 수 있을까요?

예시

"남들이 놓친 디테일까지 챙길 수 있는 기회다."

"한 번에 가는 사람보다, 두 번 다진 내가 더 단단하다."

→ ....

....

◆ 말이 막히거나 실수를 했을 때, 나를 다시 일으켜 세울 '마음가짐'을 한 줄로 적어 보세요.

예시

"멈추는 건 실패가 아니다. 호흡을 고르라는 신호다."

"실수해도 괜찮다. 다시 이어서 말하면 아무도 모른다."

→ ....

....

◆ 앞으로 나의 속도와 반복을 어떤 방향에서 바라보고 싶나요?

예시

"속도가 느린 게 아니라, 깊이가 깊은 것이다."

"한 번에 멀리 가지 못해도, 멈추지만 않으면 결국 도착한다."

→ ....

....

✎ 한 호흡 문장 만들기

'나는 왜 이렇게 늦을까'라는 생각이 들었던 장면을 하나 떠올려 보세요. 말이 막히거나 머리가 하얘질 때, 당황하지 않고 사용할 '나만의 복귀 문장'을 미리 만들어 둡니다. 이 한 문장이 다시 시작할 힘이 되어 줍니다.

◆ 말하다가 중간에 멈췄을 때, 자연스럽게 다시 시작할 수 있는 '복귀 문장'을 만들어
  보세요.

> 예시

"잠시만요, 생각을 정리해서 다시 말씀드릴게요."

"지금 핵심부터 다시 짚어보겠습니다."

"여기서 숨 한 번 고르고 가겠습니다."

→ ....

....

✎ Action: 조용한 목소리 내보기

작은 목소리라도 좋습니다. 방금 쓴 문장들 중 마음에 드는 한 문장을 입 밖으로 꺼내 내 귀에 들려주세요. 생각에 머물던 문장에 내 호흡을 불어넣는 것, 그것이 진짜 '내 호흡으로' 말하는 첫걸음입니다.

◆ 소리 내어 읽어 보고 싶은 문장을 한 줄 골라 다시 적어 보세요.

→ ....

....

이번 연습을 마치며 가볍게 점검해 보기

모두 하지 못해도 괜찮습니다. 한 항목이라도 마음에 닿는다면 그곳에만 표시해 보아도 좋습니다.

☐	지금까지 나를 재촉하던 말이나 시선을 한 번 이상 떠올려 보고 적어 보았다
☐	느린 속도와 반복에 대해 조금은 다정한 표현을 적어 보았다
☐	나의 느림 속에서도 "그래도 여기까지 왔다"라고 말해 줄 수 있는 한 문장을 발견했다
☐	말이 막힐 때 사용할 '비상용 복귀 문장'을 하나 마련했다
☐	내가 쓴 문장을 소리 내어 읽어 보았다

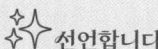선언합니다

"이번 연습에서 나는 나를 다그치는 대신,
실수해도 다시 시작할 수 있는 '회복력'을 믿기로 했습니다."

반복으로 쌓는 내면의 리듬

작가 **무라카미 하루키**

글쓰기가 영감이 아닌 체력과 끈기의 결과임을 무라카미 하루키만큼 잘 보여주는 작가가 또 있을까. "매일 새벽 4시에 일어나 쓰고, 오후엔 10km를 달리고 수영하며, 밤 9시에 잔다." 그가 기계처럼 단순한 일상을 반복하는 이유는 명확하다. "반복은 일종의 최면 상태를 만든다. 깊이 몰입하려면 똑같은 행동을 반복해야 한다." 이는 단순한 성실함이 아니다. 규칙적인 리듬을 가진 사람만이 문장 톤을 일정하게 유지할 수 있다는, 철저한 실천의 언어다.

하루키는 장편소설을 쓸 때 하루 원고지 20매를 반드시 채운다. 잘 써지는 날도, 안 써지는 날도 그 약속만은 지킨다. 소설 쓰기가 장거리 마라톤과 같음을 몸소 증명하듯 실제로도 오랫동안 달려왔다. "나는 공허 속을 달린다. 공허를 얻기 위해 달리는지도 모른다." 하루키는 말이 많지 않다. 인터뷰도 SNS도 하지 않는다. 대신 매일 쓰고, 매일 달리고, 매일 듣는다. 이 반복 속에서 '톤'이 생기고 이야기가 쌓인다. 자극을 줄이고 내면의 리듬을 키워, 말 대신 결과물로 자신의 세계를 보여주고 있다.

4부

느리지만 단단한
내향인의 삶

10장

말은 적어도,
가장 깊게 자라는 사람들

토마스 모어

가장 깊은 감정은 언제나
침묵 속에 있다.

침묵은 멈춤이 아니라
'뿌리를 내리는 시간'이다

강의를 시작한 2008년부터 지금까지 만난 사람을 대략 계산해 보면 수만 명쯤 된다. 아주 보수적으로 잡아도 삼만 명은 넘는다. 전국을 돌며 정말 많은 얼굴을 마주했다. 그들 모두가 내 말을 듣고 단번에 설득되거나 바로 달라지지는 않는다. 모두를 기억할 수도 없다. 그런데도 시간이 지나도 잊히지 않는 사람들이 있다. 유독 선명하게 떠오르는 사람들은 대부분 내향적인 사람이었다. 나와 닮아서가 아니라, 그런 사람일수록 오히려 성장 속도가 빨랐기 때문이다. 처음에는 누구보다 두려워하고 조용하지만 곧 이해하고 빠르게 달라지는 이들이 있었다. 두려움이 클수록 성장도 함께 가속이 붙는 듯했다. 그들의 조용한 성장은 나를 되돌아보게 만들었고, 내 강의도 함께 자라게 했다.

강의실에 서 있으면 늘 시선이 먼저 향하는 자리가 있다. 앞줄도, 맨 뒤도 아니다. 정면에서 조금 비켜난 중간쯤. 그 자리에 앉은 사람은 대체로 조용하다. 고개를 가볍게 끄덕이긴 하지만 손은 들지 않는다. 웃음이 번져도 입만 살짝 움직인다. 메모를 하다가도 내가 시선을 돌리는 순간 펜을 멈춘다. 수업이 끝나면 으레 이런 생각이 따라붙었다. '저 사람들, 성장하고 있는 게 맞나.' 말한마디 하지 않고 돌아가는 사람을 바라볼 때면 마음 한쪽이 비어 있는 듯했다. 내 강의가 그 사람에게는 끝내 닿지 못한 것처럼 느껴졌다.

그럴수록 내 머릿속에는 보이지 않는 참여도 표가 그려졌다. 손을 자주 든 사람, 질문을 많이 한 사람은 자연스럽게 '변화가 클 것 같은 사람' 쪽으로 자리했다.

반대로 조용히 앉아 있다가 돌아가는 사람은 '별 변화가 없을 사람' 구역에 놓였다. 말이 적은 사람은 성장하지 않는 사람이라는 가설을 거의 의심하지 않았다. 지금 돌아보면 참 좁은 눈금으로 사람을 재고 있었던 셈이다.

그때의 시선은 사실 스스로를 향한 평가이기도 했다. 예전에 회의실과 교실에서 나는 늘 '조용한 학생', '의견 없는 사람'이었다. 머릿속에서는 수많은 말을 고르고 있었지만 입 밖으로 나가는 문장은 거의 없었다. 그때 들었던 말이 하나 있다. "넌 있는지 없는지도 모르겠다." 그 말이 오래 남았다. 말하지 않는 사람은 없는 사람 취급을 받는구나, 하는 생각이 들었다. 그때부터 나도 모르게 같은 잣대를 쓰기 시작했다. 말을 하지 않는 참여자는 변화하지 않는 사람, 말이 적은 사람은 성장과 거리가 먼 사람이라고 여겼다.

강의 경력이 쌓이면서 그 공식이 조금씩 흔들리기 시작했다. 수업 내내 단 한 번도 발언하지 않던 사람이 며칠 뒤 장문의 메일을 보내왔다. 조용히 앉아 있던 수강생이 마지막 날 짧은 한 문장을 꺼냈는데, 그 말이 강의실의 공기를 통째로 바꾸는 순간도 있었다. 그즈음부터 내 안의 질문이 달라졌다. '저 사람, 성장하고 있는 게 맞나?'에서 '저 사람은 어디에서, 어떻게 자라고 있을까?'로.

그때부터 성장의 기준을 다시 생각하게 되었다. 말을 많이 하는 사람보다 예전에 하던 말과 조금이라도 다르게 말해 보는 사람, 발언 횟수보다 그 사람이 꺼낸 말의 방향과 질에 눈을 두게 되었다. 누군가는 열 번째 발언에서 겨우 한 번 자기 마음을 꺼낸다. 또 다른 누군가는 단 한 번 어렵게 손을 들어 처음으로 "저는 조금 다르게 생각합니다"라고 말한다. 예전 같으면 열 번 발언한 사람에게 더 높은 점수를 줬을 것이다. 지금의 나는 후자를 놓치지 않으려 한다. 내향인에게 성장이라는 것은 '얼마나 자주 말했느냐'보다 '이번에는 어디까지 자기다운 말을 해 보았느냐'에 더 가깝다고 믿게 되었기 때문이다.

기억에 남는 수업이 있다. 사흘 내내 눈만 깜빡이던 수강생이 마지막 날, 정리 시간을 앞두고 천천히 손을 들었다. "저는 그냥 조용히 살면 되는 줄 알았거든요. 말 때문에 상처만 안 받으면 좋겠다고 생각했어요. 그런데 오늘은 한 문장 정도는 말해도 괜찮겠다 싶었어요." 얼굴은 붉어졌지만 눈빛은 한결 편안해 보였다. 수업 내내 침묵만 흐르던 자리에 드디어 '진짜 문장'이 놓였다. 예전 같으면 '참여도가 낮았다'라고 여겼을 그 사람에게 마음속으로 가장 높은 점수를 주었다. 그는 남들보다 느렸지만 자기 속도로 끝까지 따라오고 있었던 것이다.

또 다른 수업에서는 일주일 뒤 메일이 왔다. 강의 중에는 질문을 한 번도 하지 않던 사람이었는데, 메일에는 빽빽하게 적은 문장들이 담겨 있었다. "현장에서는 못 했지만 집에 와서 연습해 봤어요. 회의 때 '괜찮습니다' 대신 '제가 생각하는 방향은 이렇습니다'라고 말해 봤어요. 목소리가 떨렸지만 도망치지는 않았어요."

그 메일을 여러 번 읽었다. "괜찮습니다" 뒤에 숨던 사람이 "제 생각은 이렇습니다"라고 말하기까지, 그 일주일간 얼마나 많은 내적 싸움이 있었을까. 그 한 문장이 그의 말하기 인생을 통째로 바꾸고 있었다. 이런 경험들이 쌓이면서 '말이 없는 사람'이라는 표현을 쓰지 않게 되었다. 말이 적은 사람, 말이 느린 사람. 같은 침묵이라도 그 안에서 일어나는 일은 치열하다는 것을 배웠기 때문이다.

화려한 말솜씨보다
'깊이 있는 결과'로 답하기

수강생을 향한 시선이 바뀌자, 나를 향한 잣대도 달라졌다. 예전에 회의에서 말 한마디 못하고 돌아온 날이면 늘 스스로를 비난했다. "왜 또 바보같이 가만히 있었어. 한마디 정도는 했어야지." 그러나 생각해 보면 강의실의 그들처럼 나도 그때 아무것도 안 하고 있었던 게 아니었다. 머릿속에서는 문장을 고치고 또 고치고 있었고, 말하지 못한 대신 메모장을 채웠으며, 집에 돌아와서라도 다시 정리했다. 그 시간들은 단지 누구에게도 '즉각적인 성과'로 인정받지 못했을 뿐이다.

이제는 안다. 내향인의 실력은 말발이 아니라 '결과물'로 증명된다는 것을. 다행히 최근의 환경 변화는 내향인에게 꽤 유리한 방향으로 흐르고 있다. 말보다 글과 데이터로 소통하는 새로운 도구들이 일상으로 들어오면서 내향인이 조용히 성과를 내기 좋은 환경이 만들어지고 있다. 과거에는 아이디어 하나를 검증받으려면 사람들을 찾아다니며 말로 설득하고 에너지를 써야 했다. 그 과정에서 내향인은 좀 불리했다. 이제는 혼자 조용히 텍스트로 지시하고, 결과물을 받고, 다시 다듬는 것만으로도 충분하다. 깊이 생각하고 글로 정리하는 내향인의 방식이 새로운 기술들과 만났을 때 더 빛을 발한다. 소음 없이 성과를 낼 수 있는 기회들이 점점 더 많아지고 있다.

말을 포기하고 일만 잘하자는 뜻이 아니다. 오히려 정제된 말이 더 중요한 시대가 왔다. 조용한 사람에게 결과물은 말의 대체가 아니라, 말하기를 준비하는 단단한 통로에 가깝다. 깊이 생각해서 만든 문서와 기획안이 있어야 나중에 사람들 앞에서 말을 꺼낼 때도 덜 흔들린다. 먼저 결과로 보여주고 그 위에서 말을 보태는 편이 내향인에게 더 안전한 전략이다. 회의에서도 기준을 조금 바꾸었다. 모두 앞에서 완벽하게 설명하려 애쓰기보다 회의가 끝난 뒤 정리된 안을 내놓는 데 힘을 쓴다. 그 문서가 내가 말하고 싶었던 핵심을 대신 정리해 준다. 그걸 여러 번 반복하다 보면 어느 순간 말하기 자체도 조금씩 안정된다.

　예전처럼 '목소리 큰 사람이 유능해 보이는' 장면만이 기준은 아닌 시대가 되었다. 회의실에서 가장 말을 많이 한 사람이 아니라, 회의가 끝난 뒤 가장 정돈된 기획안을 내놓는 사람이 결국 인정받는다. 우리는 그 역할을 맡으면 된다. 화려한 프레젠테이션으로 좌중을 압도하지 못해도 괜찮다. 묵묵히 내놓은 결과물이, 정리된 텍스트가, 깊이 고민한 흔적이 나의 목소리에 힘을 더해 줄 것이다. 조용히 자라는 사람들은 땅 밑에서 가장 깊게 뿌리를 내리고 있다. 그 뿌리는 언젠가 결과물과 말의 형태로 동시에 지상으로 올라온다. 그때 사람들은 비로소 당신이 얼마나 단단하게 자라왔는지 알게 될 것이다.

연습 노트

말보다 더 오래 기억되는 '단단한 성과' 만들기

이 연습은 말이 적었던 자리에서 '나는 아무 변화도 없었다'라고 느끼던 시선을 잠시 멈추고, 조용한 속도로 따라오던 나의 성장을 다시 바라보는 시간입니다. 발언 횟수 대신 내 안에서 조용히 자라던 생각과 방향을 적어 보면, 말이 적었다는 이유만으로 스스로를 나무라던 마음이 조금 풀어집니다. 질문에 차분히 답을 쓰는 동안, 강의실과 회의실에서 말하지 않던 순간들까지도 성장의 일부였다는 사실을 문장으로 확인하게 됩니다.

✎ 지금까지의 나 살펴보기

지금까지 나는 '말을 많이 하는 사람 = 성장하는 사람', '말을 거의 하지 않는 사람 = 변화가 없는 사람'처럼 생각해 온 적이 있을 수 있습니다. 강의나 회의가 끝난 뒤, 단 한 번도 말하지 않은 자신을 꽤 냉정하게 평가했을 수도 있습니다. 그때 들었던 생각을 그대로 적어 보세요. 다소 거칠고 단정적인 문장이라도 괜찮습니다. 이 시선을 돌아보는 것만으로도 방향을 다시 잡는 첫걸음이 됩니다.

◆ 회의나 수업에서 한마디도 하지 못했을 때, 가장 먼저 들었던 생각은 무엇인가요?

예시

'말 한마디 못 했으니까 이번에도 나는 투명 인간이었다.'

'저렇게 손 드는 사람들만 인정받고, 나는 뒤처졌다.'

→

◆ 침묵했던 나를 보며 마음속으로 반복했던 '비난의 말'이 있었다면 떠올려 봅시다.

예시

'꿀 먹은 벙어리처럼 가만히 있었다.'

'의견을 안 냈으니 묻어가는 사람 취급받을 것이다.'

→

◆ 실제로 내가 기여한 '업무(생각/자료조사/정리)'가 있음에도, '말'을 안 했다는 이유로
무시했던 나의 성과는 무엇인가요?

예시

'회의록을 꼼꼼하게 정리한 것'

'다른 사람의 의견을 듣고 리스크를 발견한 것'

'누구보다 성실히 자료를 모아 전달한 것'

→

✎ 새로운 시선 채우기

강의실에서 조용히 메모하던 나, 회의가 끝난 뒤 집에서야 뒤늦게 문장을 정리하던 나 역시, 나름의 속도로 자라던 사람일 수 있습니다. 앞으로 말이 적었던 나를 향해 어떤 마음가짐을 주문하고 싶은지, 편한 표현으로 적어 보세요. 한두 줄만 떠올려도 충분합니다.

◆ "말을 많이 하지 않아도 괜찮다"는 문장 뒤에, 그 시간을 '준비'로 여길 수 있는 표현을 덧붙여 봅시다.

 예시

"듣고 메모하며 정리한 시간이 더 단단한 기획안을 만든다."

"즉흥적인 말보다, 회의 후에 정리해서 보내는 메일 한 통이 더 강력하다."

"조용히 듣고 있는 시간도 내 생각을 정리하는 과정이 된다."

→ ....

....

....

◆ 말하기와 더불어, 나를 단단하게 보여줄 '또 다른 도구'는 무엇인가요?

예시

"현란한 말솜씨 대신, 회의 내용을 깔끔하게 정리한 '요약 메일'을 공유한다."

"즉각적인 대답 대신, 깊이 고민한 흔적이 담긴 '기획안'으로 소통한다."

"이번 회의의 아쉬운 점을 분석해 다음 회의에 필요한 질문 리스트를 준비한다."

→ ....

....

....

◆ 앞으로 회의나 모임에서 내가 '맡고 싶은 역할'을 생각해 보세요.

 예시

'가장 말을 많이 하는 사람이 아니라, 가장 양질의 문서를 내놓는 사람'

'토론을 주도하는 사람이 아니라, 토론의 결론을 맺어 주는 사람'

'아이디어를 많이 내는 사람이 아니라, 흩어진 의견을 하나의 방향으로 묶어 주는 사람'

→ ....

....

....

✎ 한 호흡 문장 만들기

강의나 회의, 모임 자리에서 거의 말하지 않았던 경험을 하나 떠올려 보세요. 그때의 나를 지금 여기에서 다시 만난다고 상상하면서, 그 자리에서 한 번쯤 꺼내 보고 싶었던 말을 한 문장으로 적어 봅니다. 실제로 한 번이라도 입 밖으로 나온 문장이어도 좋고, 그때는 말하지 못했지만 다음에 비슷한 상황이 온다면 꺼내 보고 싶은 문장이어도 괜찮습니다.

◆ 조용히 함께했던 그 자리에서, 떠올랐던 말이 있다면 무엇이었나요, 또는 말 대신 내밀고 싶었던 한 문장은 무엇이었나요?

 예시

"현장에서 직접 말하지는 못했지만, 저는 이런 방향으로 생각해 보고 있었습니다."

"지금은 조용히 듣고 있지만, 이 부분은 저에게도 꽤 중요한 이야기입니다."

"이 한마디는 제 마음에 가까운 말이라 꺼내 보고 싶습니다."

→ ....

....

....

✎ Action: 조용한 목소리 내보기

작은 목소리라도 좋습니다. 방금 쓴 문장들 중 마음에 드는 한 문장을 입 밖으로 꺼내 내 귀에 들려주세요. 생각에 머물던 문장에 내 호흡을 불어넣는 것, 그것이 진짜 '내 호흡으로' 말하는 첫걸음입니다.

◆ 소리 내어 읽어 보고 싶은 문장을 한 줄 골라 다시 적어 보세요.

→ ....

....

....

✎ 이번 연습을 마치며 가볍게 점검해 보기

모두 하지 못해도 괜찮습니다. 한 항목이라도 마음에 닿는다면 그곳에만 표시해 보아도 좋습니다.

☐	조용했던 시간을 '무능'이 아니라 '준비'의 시간으로 다시 정의했다
☐	말이 적었던 나를 떠올릴 때 사용하던 평가를 떠올려 보았다
☐	발언 횟수 대신, 내 안에서 조용히 자라고 있던 방향과 나다운 한 문장을 떠올려 보았다

☐	조용한 자리에서도 나름의 속도로 따라오고 있던 나를 성장 중인 사람으로 여겨 볼 수 있었다
☐	내가 쓴 문장을 소리 내어 읽어 보았다

✧✧ 선언합니다

"이번 연습에서 나는 화려한 말솜씨를 부러워하는 대신,
깊이 있는 '결과물'로 나를 증명하기로 선택했습니다."

"나는 그냥 혼자 조립하고 싶었을 뿐"

기업인 **스티브 워즈니악**

스티브 워즈니악은 스티브 잡스의 그림자로 불렸다. 그는 언제나 스포트라이트 밖에 서 있었다. 애플 공동 창업자이지만 그는 명확히 선을 긋는다. "나는 비즈니스를 하려던 게 아니다. 그냥 컴퓨터를 만들고 싶었을 뿐이다." 수업 시간에도 말을 하기보다 회로도를 그렸고, 친구들이 밖에서 어울릴 때 방구석에서 반도체를 납땜하며 희열을 느꼈던 소년. 애플의 혁신은 바로 이 '조용하고 자발적인 고립' 속에서 탄생했다.

잡스처럼 화려한 프레젠테이션은 못 했지만, 누구도 흉내낼 수 없는 기술을 설계했다. "사람들은 나를 천재라 불렀지만, 사실 나는 혼자 있기를 좋아했던 사람일 뿐"이라는 말처럼, 그의 내향성은 아이디어를 완성하는 보호막이었다. 세상의 주목보다 '세상을 바꾸는 기술' 자체에 집중했던 사람. 우리는 워즈니악을 통해서 알 수 있다. 말보다 중요한 건 조용히 손끝으로 세상을 바꾸는 힘이다.

혼자이고 싶지만
연결되고 싶은 마음

관계에서의 에너지 관리:
내 마음을 먼저 지키기

오늘 아침도 우리 동네 경비원 아저씨는 부지런히 길을 쓸고 계셨다. 항상 성실한 모습이 고마워서 언젠가 꼭 인사를 건네고 싶다고 오래 생각해 왔다. 오늘은 정말 인사를 해야지. 안녕하세요, 감사합니다, 이 한마디만이라도 해 보자고 마음을 다잡고 집을 나섰다. 그런데 막상 그 앞을 지나갈 때 또 아무 말도 하지 못했다. 괜히 빗질 동선을 피해 돌아 나왔다. 마흔 중반이 되어도 먼저 말을 걸거나 질문하는 일은 여전히 어렵다. 나이가 들면 나아질 줄 알았지만 기질은 쉽게 바뀌지 않는다. 15년 차 강사에게도 인사가 어렵다는 고백은 꽤 부끄럽다. 머릿속으로는 '기질상 그럴 수 있지'라고 이해하면서도, 마음 한쪽에는 '그래도 강사인데 이 정도는 해야 하지 않나'라는 생각이 남아 있다. 외향적이어야 한다는 압박을 완전히 내려놓지 못한 탓이다.

사람이 싫은 것은 아니다. 오히려 사람을 좋아한다. 다만 사람 속에 오래 있으면 감정이 한꺼번에 밀려와 울컥하기도 하고, 웃음과 말소리가 겹친 소음에 쉽게 지친다. 특히 어색한 자리는 더 힘들다. 누구와의 약속이든 날짜가 다가오면 은근한 긴장이 몸에 스며든다. 그래서 약속이 갑자기 취소되면 조금 안도한다. '아쉽다'보다 '다행이다'가 먼저 떠오른다. 그게 솔직한 마음이다. 여럿이 모인 자리에서는 말수가 적고 감정을 크게 드러내지 않는다. 겉으로 보면 조용한 사람처럼 보일지 모르지만, 내면은 늘 분주하다. 사람들 사이에서 오가는 표정과 목소리의 미세한 떨림을 금방 알아채고, 그 느낌을 오래 품어 두는 편이다. 어떤 말은 집에 돌아와서야 상처였다는 사실을 깨닫고, 그제야 서운함이 올라와 밤새 뒤척이기도 한다.

그래서 사람들과 일정한 거리를 둔다. 무심해서가 아니라 상처를 덜 받으려고, 나를 지키려고 한 선택에 가깝다. 늘 조심스럽다. 내 말 한마디가 상대에게 부담이 되지는 않을지, 내 침묵이 무시처럼 보이지는 않을지. 마음속에서는 혼자 있고 싶은 마음이 크지만, 동시에 누군가와 연결되고 싶은 바람도 분명히 있다. 누구도 완전히 혼자서만 살아갈 수는 없으니까. 다만 그 연결이 너무 시끄럽지 않았으면 한다. 서로의 마음이 세게 부딪치지 않게, 느슨하지만 끊어지지 않는 선으로 조용히 이어졌으면 좋겠다.

사람이 많은 자리에서는 자연스럽게 출구와 가까운 자리를 찾게 된다. 꼭 필요한 말이 아니면 먼저 나서지 않는다. 그래도 상대의 이야기를 잘 듣고 있다는 표시는 하고 싶어서, 고개를 자주 끄덕이고 눈을 맞추려 애쓴다. 어느 정도 시간이 지나면, 몸은 아직 그 자리에 앉아 있는데 마음은 이미 집에 가 있다. 조용한 방과 침대가 떠오르고, '눕고 싶다'라는 생각이 머릿속을 채운다. 그 시점이면 내 안의 에너지는 거의 바닥이 난다.

어떤 날은 아무 말도 하고 싶지 않다. 조용한 시간이 길어질수록 겨우 나다운 에너지가 다시 차오른다. 그런데도 나는 사람을 좋아한다. 사람을 아낀다. 그래서 사람을 많이 만나는 일을 직업으로 삼고 살아간다. 어떻게 보면 인류애가 제법 강한 편인지도 모른다. 모순처럼 들리지만 내향형에게는 익숙한 진실이다. 사람은 좋은데, 그 사람들과 거리를 유지해야 나를 지킬 수 있다. 누군가가 나와 더 가까워지고 싶다는 마음으로 자주 연락을 보내올 때는 조금 당황스럽다. 아직 그 정도 거리가 아니라고 느끼는데 메시지가 계속 오면, 짧은 답장도 곧 부담으로 느껴질 때가 있다. 나는 관계를 맺을 때도 내 속도를 지키고 싶다. 대신 한번 가까워지면 쉽게 놓지 않는다. 말이 적더라도 그 안에 담긴 마음은 가볍지 않다. 그런 관계는 오래간다.

가장 가까운 친구 한 명은 대학 이후 해외로 나가 거의 스무 해를 타지에서 살았다. 자주 보지 못하고 연락도 뜸하다. 시차도 계절도 다르다. 그런데도 긴 시간 우정을 이어왔다. 방법은 단순했다. 가끔 한 번 건네는 짧은 메시지, 해마다 한 번 주고받는 엽서. 먼 곳의 공기와 일상의 조각을 엽서 한 장에 담아 보내오곤 했다. 둘 다 비슷한 성향이라 SNS를 자주 하지 않고, 댓글이나 DM을 부지런히 남기지도 않는다. 그래도 끈이 느슨하게 늘어진 채로 계속 연결돼 있다. 서로에게 그 정도면 충분하다.

얼마 전 평양냉면을 먹으러 갔다가 잠깐 귀국했던 그 친구와 함께 갔던 식당이 떠올랐다. 휴대폰 사진첩을 뒤져 그때의 우리와 간판을 찾아냈다. 친구를 생각하며 냉면을 먹는 내 마음이 먼 곳까지 닿았을 것 같았다. 메시지를 보낼까 했지만, 친구가 사는 곳은 해 뜨기 전일 테니 깨우고 싶지 않았다. 내향인끼리는 이런 연결이 더 단단하다는 걸 안다. 문자를 보내지 않아도 동시에 서로를 떠올렸으리라 믿는다. 말의 횟수보다 떠올리는 마음이 관계를 지탱한다. 말보다 마음을 더 자주 보내는 관계. 우리가 선택한 방식이다. 이것도 분명 하나의 말하기다.

강의하는 일도 비슷했다. 코로나 이후 비대면 강의가 늘어났을 때 처음에는 많이 불안했다. 나처럼 표정과 분위기를 보며 말하는 사람에게, 화면 속 작은 네모 칸들은 벽처럼 느껴졌다. 대면 강의보다 비대면 강의가 더 두려웠다. 한 사람 한 사람 표정을 살피며 현장 공기를 조절하는 게 내 장점인데, 그걸 못 한다는 사실이 막막했다. 그런데 예상과 달리 비대면 강의가 끝난 뒤에는 개인 메시지로 조용히 말을 걸어오는 사람이 많아졌다. 대면 강의에서는 거의 들어보지 못한 질문들이었다.

"선생님, 정말 힘들 때는 어떻게 하세요?"
어느 날 쉬는 시간에 이런 메시지를 받았을 때, 심장이 덜컥 내려앉는 느낌이 들었다. 화면 너머에서 얼마나 버티고 있었을까. 메시지를 남기기까지의 외롭고 힘들었을 마음이 절절하게 다가왔다. 다행히 나에게는 너무 힘들 때마다 붙들어 온 한 문장이 있었다. "하루만 살자." 가장 버거웠던 시기에 수없이 되뇌던 말이다. 그 문장이 있었기에 답할 수 있었다. 조심스럽게 내 이야기를 건넸고, 강의를 이어가며 참여자 모두에게도 전했다.

"저도 힘든 날이 많았습니다. 직장을 그만두고 혼자 서기 시작한 날부터 매일이 불안과 두려움이었어요. 코로나를 겪을 때는 두려움이 저를 삼킬 것 같았습니다. 그래서 어느 순간부터 이렇게 생각하기로 했어요. 그냥 오늘 하루만 버티자. 내일도, 내년에도 잘 지내야 한다고 생각하면 너무 막막하니까요. 그래서 저는 오늘 하루를 살아냈다는 사실만 확인하면서 여기까지 왔습니다. 혹시 여러분 중에도 이 말이 필요하신 분이 있다면, 잠시 빌려 쓰셔도 좋겠습니다."

강의가 끝난 뒤, 질문을 보냈던 사람뿐 아니라 여러 참여자가 메시지를 남겼다.

"선생님 말 듣다가 처음으로 눈물이 났어요."

"아무것도 못 하는 나 자신이 너무 싫었는데, 오늘은 조금 덜 미워하게 됐어요."

그 메시지들을 읽으며 한동안 멍하니 앉아 있었다. 조심스럽게 꺼낸 한 문장이 다른 사람의 하루를 붙들고 있다는 사실이 믿기지 않았다. 동시에 조금 안도했다. 나를 버티게 하려고 붙잡고 있던 말이, 누군가에게도 버틸 수 있는 문장이 될 수 있다는 사실에.

그때부터 조용한 말하기에 대한 믿음이 더 단단해졌다. 말이 적어도, 조용한 방식으로도 사람과 충분히 연결될 수 있다는 믿음이다. 오히려 깊은 관계는 이런 말하기에서 시작될 때가 많다. 떠들썩한 인맥보다 잊을 만하면 떠오르고, 떠올랐을 때 조용히 연락해 보는 사이가 더 오래 간다. 그런 느슨하지만 진심 있는 연결이 나를 가장 따뜻하게 만든다. 조용한 사람도 관계를 맺을 수 있다. 말의 양이 아니라 말의 결과 마음의 결이 사람을 잇는다. 관계를 시작하는 방법도, 유지하는 리듬도 제각각이지만 결국 바라는 지점은 비슷하다. 혼자 있고 싶지만, 연결되고 싶은 마음. 이 마음 하나만으로도 우리는 충분히 이어질 수 있다.

얼마 전에는 경비원 아저씨께 끝내 인사를 못 한 대신, 마트에서 이온음료를 하나 사서 조심스럽게 건네드렸다. "이거 드세요." 짧은 한마디에 아저씨 표정이 금세 밝아졌다. 그 순간 확실히 알았다. 길고 완벽한 문장이 아니어도 괜찮다. 내 속도에 맞는 짧은 말 한 줄, 작은 행동 하나로도 우리는 연결된다.

불편한 자리에서도 살아남는 법: 내 방식의 연결과 끊기 연습

내향인은 예상치 못한 상황이나 갑작스러운 요청 앞에서 말을 잃기 쉽다. 몸이 느려서가 아니라 생각과 감정이 앞서기 때문이다. 덜 당황하고 싶다면, 몇 가지 장면을 떠올리고 나만의 문장을 준비해 두는 연습이 필요하다. 외울 필요는 없다. '이런 식으로 말해야지'라고 그려 보는 것만으로도 숨통이 트인다. 특히 자주 겪는 장면일수록 그렇다. 받기 부담스러운 전화, 먼저 떠나야 하는 모임, 예상치 못한 질문. 상황마다 나에게 맞는 짧은 문장을 준비해 두면 마음에 여유가 생긴다. 그대로 말해도 된다고 스스로에게 허락하면 비로소 표정과 진심을 담을 공간이 생기고, 오해도 줄어든다.

전화를 갑자기 받는 일이 아직도 부담스럽다. 바쁘지 않은데도 그럴 때가 있다. 그래서 자동 회신 문구를 설정했다. "지금은 통화가 어렵습니다. 문자로 남겨 주시면 확인 후 연락드리겠습니다." 어떤 이야기인지 먼저 문자로 읽고 상황을 파악한 뒤 통화하는 편이 훨씬 편하다. 예전에는 전화를 바로 받지 않으면 무례하다고만 생각했다. 지금은 생각이 조금 달라졌다. 모든 요청에 즉시 답해야 관계가 유지되는 것은 아니다. 잠시 숨을 고른 뒤에 차분한 목소리로 답하는 쪽이 오히려 서로에게 도움이 될 때가 많다. 모임에서도 비슷하다. 자연스럽게 출구와 가까운 자리를 찾는다. 말수가 적더라도, 준비해 둔 한두 문장을 건넸다면 그 자리에서 할 몫을 어느 정도 했다고 생각하려 한다.

어느 시상식에서 내향적인 배우 두 사람이 만든 해프닝이 화제가 된 적이 있다. 한 배우의 이름이 불렸는데, 비슷한 이름을 가진 다른 배우가 본인인 줄 알고 무대에 오른 사건이었다. 둘 다 내향적이라 시상식 내내 어쩔 줄 몰라 하는 눈빛이 역력했다. 인상적인 건 이후 SNS에서 이어진 대화였다. 실수한 배우가 조심스레 글로 사과하자, 이름이 불렸던 배우도 "이런 것도 인연이니 밥 한 끼 하자"는 글을 남겼다. 서로의 계정을 태그하지도 않고, 각자 자기 자리에서 하고 싶은 말만 적었다. 허공에 대고 말하는 듯했지만 누구에게 건넨 말인지 모두 알았다. 사람들은 그 모습을 보며 웃으면서도 묘한 공감을 느꼈다.

전화나 대면 사과가 어려운 사람에게는 이런 '허공 대화'도 하나의 말하기 방식이 된다. 조용하지만 분명한 의사를 남기는 방식. 내향인은 이런 거리가 있을 때 오히려 말문이 열린다. 완벽하지 않은 모습, 쑥스러워하는 표정이 이제는 단점이 아니라 한 사람의 고유한 특징으로 받아들여진다.

연결만큼 끊기도 중요하다. 어떤 관계든, 어느 자리든 언젠가는 정리하고 나와야 한다. 미리 생각하지 않으면 에너지가 바닥났는데도 자리를 뜨지 못해 끙끙 앓는다. 모임에 갈 때 출구 가까운 자리에 앉는 습관을 들이면 마음이 편하다. 말수가 적어도 괜찮다. 준비해 둔 한두 문장을 건넸다면 제 몫은 한 셈이다. 마지막 인사 한 줄을 미리 담아 두는 것도 도움이 된다.

"오늘은 여기까지 함께 있고 싶어요." "얘기 잘 들었어요. 저는 이제 좀 쉬어야 할 것 같아요." "지금은 바로 답하기가 어려워요. 생각을 정리한 뒤에 이야기해도 될까요?"

이 말들은 상대를 밀어내는 게 아니다. 관계를 오래 가져가기 위해 내 에너지를 관리하는 말이다. 잘 연결되는 일 못지않게 잘 떠나는 일도 좋은 관계의 일부다. 내 방식의 연결과 끊음을 준비해 두면, 나를 지키는 일과 관계를 지키는 일을 함께 할 수 있다. 자주 마주치는 장면을 떠올리며 나를 위한 문장을 한 줄씩 만들어 보자. 언젠가 불편한 자리를 정리하고 싶을 때, 그 문장이 나 대신 말해 줄 것이다. 그런 문장들이 쌓이면, 혼자 있고 싶지만 연결되고 싶은 마음이 조금 덜 다치면서 세상과 이어질 수 있다.

연습 노트

나를 소모시키지 않는 '관계의 간격' 찾기

이 연습은 관계 안에서 내가 에너지를 어떻게 쓰고 있었는지, 혼자 있고 싶은 마음과 연결되고 싶은 마음 사이에서 나에게 맞는 '간격'을 살펴보는 시간입니다. 상대에게 맞추느라 지친 순간과 나를 지키려 거리를 두었던 장면을 떠올려 보면, 적당한 간격에 관한 나만의 기준이 생깁니다.

 지금까지의 나 살펴보기

그동안 관계에서 나는 내 에너지보다 상대의 기대와 눈치를 먼저 살피며 움직였을 수 있습니다. 이미 에너지가 바닥났는데도 끝까지 자리를 지켰던 날들이 떠오를 수 있습니다. 이 구간에서는 그동안 내가 관계에서 잡고 있던 엄격한 잣대들을 솔직하게 꺼내 봅니다.

◆ **사람과의 관계에서, 지금까지 나는 내 에너지보다 무엇을 더 우선해 왔나요?**

예시

상대의 기분, 약속 시간 준수, 참석률, 즉답 의무 등

→ _____

_____

_____

◆ 약속 취소, 전화 거절, 모임 탈퇴 등을 떠올릴 때 스스로를 다그치던 말이 있다면 적어 보세요.

> 예시

"상대가 자주 연락하는데 내가 그 속도를 못 맞추면 관계가 금방 끊어질 것이다."

"모임에서는 끝까지 남아 분위기를 맞추는 사람이 되어야 한다."

→ _____

_____

_____

◆ 다른 사람과의 거리를 두려 했을 때, 가장 크게 느꼈던 불편한 감정은 무엇이었나요?

> 예시

미안함, 상대가 나를 무시할 거라는 불안, 고립될 것 같은 두려움 등

→ _____

_____

_____

✎ 새로운 시선 채우기

이제는 같은 장면을 '나를 먼저 지키면서도 연결을 조금은 허용하는 방향'에서 바라보고 싶습니다. 모든 연락에 바로 답하지 않아도 관계가 무너지는 것은 아

니고, 나에게 맞는 간격을 정해 두어야 오히려 오래 이어갈 수 있습니다. 앞으로 관계 안에서 내 에너지와 마음을 어떻게 다루고 싶은지, 나에게 맞는 거리와 리듬을 어떤 방향으로 잡고 싶은지 적어 봅니다.

◆ 앞으로는 어떤 방향으로 내 에너지와 마음을 지키면서 사람들과 이어지고 싶나요?

예시

"사람이 좋지만, 나를 지키기 위해 필요한 거리를 두는 선택도 존중하겠다."

"자주 만나지 않아도 괜찮다. 가끔 진심이 담긴 텍스트를 주고받는 관계라면 충분하다."

→
....

....

....

◆ "이 정도 거리와 속도라면 나에게 무리 없는 연결이다"라고 느끼는 기준을 적어 보세요.

예시

'한 달에 한 번의 만남', '바로 전화를 받는 대신 메시지 확인 후 답장 하기' 등

→
....

....

....

◆ 나를 소모시키는 관계와 나의 에너지를 채워주는 관계를 구분하는 데 도움이 될 만한 문장을 한 줄 떠올려 보세요.

→
....

....

....

한 호흡 문장 만들기

자주 불편했던 장면을 하나 떠올려 보세요. 갑작스러운 전화, 끝까지 버티기 힘들었던 모임, 자주 연락을 주는 사람에게 답장을 보내야 할지 망설이던 순간 등 마음에 남는 상황이라면 어떤 장면이든 괜찮습니다. 그 장면 속에서 '나를 지키면서도 최소한의 연결은 이어 가고 싶다'는 마음이 담긴 한 문장을 적어 봅니다. 실제로 사용해 본 말이어도 좋고, 다음에 비슷한 상황이 왔을 때 써 보고 싶은 문장이어도 괜찮습니다. 이 한 문장은 내 방식의 연결과 끊음을 동시에 지켜 주는 작은 기준이 됩니다.

◆ 불편한 자리에서 나를 지키면서도 관계를 이어가고 싶을 때 쓸 수 있는 한 문장을 적어 보세요.

예시

"지금은 통화가 어렵습니다. 문자로 남겨 주시면 확인 후 연락드리겠습니다."

"이야기 잘 들었어요. 저는 이제 좀 쉬어야 할 것 같아요."

"지금은 바로 답하기가 어려워요. 생각을 정리한 뒤에 이야기해도 괜찮을까요?"

→ ....

....

....

 Action: 조용한 목소리 내보기

작은 목소리라도 좋습니다. 방금 쓴 문장들 중 마음에 드는 한 문장을 입 밖으로 꺼내 내 귀에 들려주세요. 생각에 머물던 문장에 내 호흡을 불어넣는 것, 그것이 진짜 '내 호흡으로' 말하는 첫걸음입니다.

◆ 소리 내어 읽어 보고 싶은 문장을 한 줄 골라 다시 적어 보세요.

→ ....

....

....

✎ **이번 연습을 마치며 가볍게 점검해 보기**

모두 하지 못해도 괜찮습니다. 한 항목이라도 마음에 닿는다면 그곳에만 표시
해 보아도 좋습니다.

☐	사람과의 관계에서 나를 대하던 기존의 방향과 잣대를 한 줄 이상 적어 보았다
☐	혼자 있고 싶지만 완전히 끊고 싶지는 않았던 마음을 떠올리며, 나에게 맞는 거리와 연결 방식을 새로 적어 보았다
☐	불편한 자리에서 나를 대신해 줄 수 있는 한 문장을 한 줄 이상 떠올려 보았다
☐	그 문장을 조용히 소리 내어 읽어 보거나, 읽는 모습을 잠시 상상해 보았다

✧✧ 선언합니다

"이번 연습에서 나는 혼자 있고 싶어 거리를 둔 나를 탓하기보다,
　　나를 지키며 오래가는 '관계의 간격'을 정립하기로 했습니다."

고요하게 만든 완벽한 질서

피아니스트 **조성진**

피아니스트 조성진은 무대 위에서나 아래서나 말을 아낀다. 한국인 최초 2015년 쇼팽 콩쿠르 우승 이후 쏟아지는 조명 속에서도 말했다. "다른 사람처럼 말 잘 못해요. 무대에선 말할 필요가 없으니 괜찮아요." 이 짧은 한마디에 모든 태도가 담겼다. 내가 나서지 않아도 음악이 나를 대신해 말해준다는 믿음이 드러난다.

그는 타인의 감탄보다 자신의 루틴에 충실하다. 하루 6시간이 넘는 고된 연습, 무대 뒤에서의 철저한 고립. 조성진은 이런 방식으로 세계 정상에 올랐다. 외향적인 페르소나를 꾸미지 않는다. 쇼맨십보다 해석의 정밀함을, 과시보다 완성도를 택한다. "음악으로 모든 걸 말하려 해요." 그의 연주는 즉흥적인 격정이 아닌, 치밀하게 설계한 고요한 통제력 안에 머문다. 세상과 부딪치지 않아도 내 방식으로 세계를 설득할 수 있다는 것. 감정을 뱉어내지 않아도 정돈된 언어로 사람을 울릴 수 있음을 조성진은 건반 위에서 보여준다.

12장
도망치고 싶은 마음과
함께 살아가는 법

불안을 안고도
마이크를 잡는 '프로의 다짐'

약을 먹고 강의실에 들어간 날들이 있었다. 병원에서 처방받은 약봉지를 가방 안쪽에 넣어 두고, 시작 전 한 알을 털어 넣은 뒤 아무 일 없다는 듯 마이크를 들었다. 누군가는 왜 그렇게까지 하면서 일을 하느냐고 묻겠지만, 그때의 나는 선택지가 많지 않다고 느꼈다. 이미 말하기를 업으로 삼았고, 되돌아갈 길을 스스로 지워 버린 뒤였다. 일상에서 나는 가까운 사람과 있어도 조용한 편이다. 사람 많은 자리에서는 자연스럽게 한 발 뒤로 물러난다. 먼저 손을 들기보다는 분위기를 살피고, 듣고, 정리하는 쪽에 더 가깝다. 혼자 있는 시간에야 숨이 고르게 쉬어지고, 조금씩 에너지가 돌아온다.

　그런 내가 어떻게 강의를 직업으로 택했느냐는 질문을 자주 듣는다. 대답은 단순하다. 먹고살기 위해서였다. 한 회사를 오래 다니며 정년까지 버티는 그림이 나에게는 그려지지 않았다. 나이가 들어서도 일하고 싶었고, 내가 만든 결과를 내 이름으로 책임지고 싶었다. 누군가의 평가에만 기대어 살고 싶지 않았다. 그 생각을 따라가다 보니 선택지는 자연스럽게 말하기 쪽으로 좁혀졌다. 말하기를 업으로 삼기로 마음먹은 순간, 무대에서 완전히 도망칠 길은 거의 사라졌다. 무대는 지금도 두렵다. 달라진 점이 있다면 두려움을 없애려고 애쓰기보다, 두려움을 안고도 일하는 법을 배우려 한다는 점이다. 불안을 없애는 데에만 힘을 쓰면 정작 해야 할 일을 할 에너지가 남지 않는다. 그래서 어느 순간부터는 도망치고 싶은 마음을 없애겠다는 목표 대신, 그 마음을 품은 채 약속한 자리를 완수하겠다는 쪽으로 방향을 돌렸다.

　강의를 취소한 적은 한 번도 없고, 약속 시간에 늦은 적도 없다. 남에게 피해 주는 일을 누구보다 싫어해서 정해진 시간과 자리는 어떻게든 지켜야 한다고 믿었다. 지금 돌이켜 보면 이런 완고함이 나를 많이 지치게도 했지만, 그 덕분에 버틴 날도 많았다. 강의실 문턱만 넘으면 나머지는 몸이 기억대로 움직여 주었다.

조금 시간이 지나고 나서야 이 과정을 다른 눈으로 보기 시작했다. 내가 해 온 일은 단순히 말을 잘하기 위한 연습이 아니었다. 불안을 안고도 무대에 서기 위해, 내 마음을 달래고 진정시키는 방법을 찾는 시간에 가까웠다. 도망치지 않기 위해 나를 설득하는 연습이었고, 버티는 힘의 방향을 조정하는 훈련이었다. 강의에서 설명하던 호흡은 어느 순간 나 자신을 붙드는 기술이 되었다. 청중을 설득하려고 준비한 문장은 나에게도 "오늘은 여기까지면 충분하다"라고 말해 주는 근거가 되었다.

이상하게도 가장 힘들게 버텼던 강의가 끝난 날일수록 교육생들의 반응은 더 따뜻했다.

"선생님, 오늘 강의가 많이 힘이 됐어요."

"요즘 버티기 힘들었는데, 조금은 괜찮아질 것 같아요."

이런 말을 들으면 마음이 조용해졌다. 가까스로 지켜 낸 시간이 누군가에게도 버티는 힘이 되었다는 뜻이었기 때문이다.

일레인 아론의 HSP(매우 민감한 사람) 테스트를 다시 풀어 본 것도 그즈음이었다. 예전에도 점수가 높았지만, 이번에는 '자신을 혹사시키는지'를 묻는 문항들이 오래 마음에 남았다. 도망치지 않으려고 애쓰는 동안 나를 너무 몰아붙인 날이 많았다는 사실을 인정할 수밖에 없다. 앞으로도 불안과 함께 살 것이다. 무대는 언제나 편안하게 느껴지지 않을 것이다. 대신 예전처럼 나를 끝까지 몰아붙이지는 않으려 한다. 버티되, 쓰러지지 않는 쪽으로 가고 싶다. 나를 소모하면서 버티는 시간이 아니라, 나를 지키면서 버티는 시간으로 바꾸고 싶다. 이 문장을 읽는 사람 가운데도 약을 먹고 출근을 준비하는 사람이 있을지 모른다. 도망치고 싶어도 회의실 문을 열어야 하는 사람, "오늘만 어떻게든 넘기자"라는 말로 하루를 시작하는 사람도 있을 것이다. 그런 하루는 이미 하나의 훈련이다. 다만 몸과 마음을 함께 지키는 연습이 되도록 방향을 조금만 바꾸면 좋겠다.

내향적인 사람에게는 준비되지 않은 어려운 환경을 반복해서 겪는 방식이 도움이 되기보다 상처로 남기 쉽다. 특히 말하기에서 더 그렇다. 무대 공포를 "자꾸 해 보면 괜찮아진다"라는 말로 밀어붙이면 어떤 사람은 나아질지 몰라도, 많은 내향인에게는 트라우마로 박힌다. 우리에게 필요한 질문은 '얼마나 자주 할 것인가'보다 '어디까지가 나에게 안전한 범위인가'에 더 가깝다. 그래서 학생들에게 성장 목표를 이야기할 때도 이렇게 말해 왔다. "내가 가진 힘에서 출발해야 합니다. 남이 가진 장점을 기준으로 잡으면 출발선이 흐려집니다." HRD(인력개발학) 수업을 들을 때 이 원칙을 자주 잊었다. 연구 사례 속 주인공은 늘 사람들 앞에서 자연스럽게 말하고, 관계를 넓혀가며 성과를 내는 사람처럼 보였다. 그 안에 내 방식이 들어설 자리는 많지 않아 보였다.

이 책을 쓰면서 비로소 다른 질문을 꺼내 본다. 내향적인 사람은 어떤 방식으로 성과를 내는가. 침묵과 준비, 리허설과 회복 시간을 함께 놓고 보면 그림은 어떻게 달라지는가. 아직 다듬어지지 않은 질문이지만, 적어도 이제는 내 성향에서 출발해 묻고 있다는 점이 예전과 다르다. 이 장의 나머지 부분은 그 질문에 대한 나의 작은 답이다.

두려움과 함께 일하기:
나를 지키는 최소한의 안전장치

두려움과 함께 일하려면 마음가짐만으로는 부족하다. 나를 지키는 최소한의 장치를 미리 준비해 두어야 한다. 세 가지를 먼저 떠올린다. 나의 안전 범위를 그려 두는 일, 나만의 '그만 지점'을 정해 두는 일, 버티기 위한 문장을 준비해 두는 일이다. 이 세 가지가 있으면 도망치고 싶은 마음이 올라올 때 몸이 완전히 굳어 버리는 일을 조금 줄일 수 있다.

가장 먼저 해야 할 것은 내 안전 범위를 그려 두는 일이다. 나는 어떤 환경에서 유난히 힘든지, 어떤 자리에서는 그래도 숨이 조금 편해지는지 찬찬히 떠올려 본다. 강의 시간은 어느 정도가 적당한지, 하루에 몇 번까지 사람을 만날 수 있는지, 연속된 강의는 며칠까지 견딜 수 있는지 적어 본다. 사람 수, 공간 크기, 이동 거리, 준비 시간. 나를 지치게 하는 요소와 편하게 하는 요소를 나눠 기록해 둔다. 이 작업만으로도 '왜 이렇게 힘들지'라는 막연한 자책에서 한 걸음 물러날 수 있다. 안전 범위를 알면 그 안에서 먼저 연습할 수 있다. 혼자 있는 방, 믿을 수 있는 한 사람 앞, 카메라를 켜 둔 작은 화면처럼 비교적 편한 환경에서 말하기를 시작해 본다. 낯선 무대에 갑자기 나가 '일단 부딪쳐 보자'가 아니라, 내가 버틸 수 있는 크기의 무대를 먼저 만드는 것이다. 그런 경험이 쌓여야 다음 장면으로 천천히 나아갈 수 있다.

두 번째는 나만의 '그만 지점'을 미리 정해 두는 일이다. 어디까지가 괜찮은 부담인지, 어디부터는 나를 해치는 부담인지 몸은 이미 알고 있다. 문제는 그 신호를 무시하고 계속 밀어붙이는 습관이다. 그래서 나는 한 달에 맡을 강의 수를 대략 정해 두려 한다. 하루에 말할 수 있는 시간, 연속된 강의 일수에도 나름의 상한선을 두고자 한다. 무대 위에서도 그만 지점을 만들 수 있다. '이 이상은 오늘 내 에너지를 넘는다'라고 느껴지면, 준비해 둔 핵심 한두 가지만 전하고 과감히 마무리한다. 예전에는 '이왕 나왔으니 여기까지는 해야지'라는 생각으로 나를 소진시켰다면, 이제는 '내가 지킬 수 있는 선 안에서 최선을 다하자'로 기준을 옮겨왔다.

마지막으로 버티기 위한 문장을 미리 준비해 두는 일이다. 9장에서 말문이 막혔을 때 꺼낼 복귀 문장을 이야기했다면, 여기서 말하는 문장은 무대 밖에서 마음이 무너질 때 붙잡을 말에 가깝다. 강의 전에 이런 말을 자주 떠올린다. '오늘은 이 한 시간만 책임지자.' '지금 할 수 있는 만큼만 하면 된다.' '집에 가면 바로 누워도 된다.' 화려한 말은 아니지만, 마이크를 잡기 직전 나를 앞으로 한 발 내딛게 만든다. 도망치고 싶은 마음을 없애 주지는 않지만, 그 마음과 함께 들어갈 힘을 조금 만든다.

각자에게 맞는 문장도 다를 것이다. '이번에는 여기까지 해 본다.' '오늘까지만 버티면 주말이다.' '오늘의 나는 이 정도면 충분하다.' 마음에서 자연스럽게 떠오르는 한 줄을 골라 적어 두면 좋다. 힘든 날에만 꺼내 쓰는 비밀 주문처럼, 누구에게도 보여주지 않아도 괜찮다. 중요한 점은 '무조건 버텨야 한다'가 아니라 '어떤 말을 붙잡고 버틸 것인가'를 스스로 정해 둔다는 데 있다.

이 세 가지 장치는 거창한 수양이 아니다. 종이 한 장과 펜만 있으면 시작할 수 있다. 문장을 잘 쓰려고 애쓸 필요도 없다. '이때 힘들다.' '이 정도면 버겁다.' '이 말을 떠올리면 숨이 조금 트인다.' 이런 메모만으로도 충분하다. 이렇게 준비해 둔다고 해서 두려움이 사라지지는 않는다. 대신 두려움이 나를 통째로 덮어버리는 시간을 줄일 수 있다. 불안이 올라올 때 '나는 왜 이 모양일까'

라는 자책으로 곧장 흘러가지 않고, '지금은 내가 정해 둔 그만 지점에 가까워졌구나'라고 해석할 여지를 만든다. 이 해석의 차이가 버티는 힘의 방향을 바꾼다.

여전히 도망치고 싶은 날이 많다. 그래도 예전처럼 도망치지 않고 잘 버티고 있다. 무대에 오르기 전 깊게 숨을 들이마시고, '오늘은 여기까지면 충분하다'라는 문장을 한 번 속으로 읽은 뒤 마이크를 켠다. 그 한 줄 덕분에 아직 이 일을 계속하고 있다.

당신에게도 도망치고 싶은 마음과 함께 버텼던 하루가 분명 있었을 것이다. 그 하루는 의미 없는 소모가 아니었다. 스스로를 지키기 위해 치른, 조용하고 단단한 훈련이었다. 이제부터는 몸과 마음을 함께 지키는 버팀을 조금 더 구체적으로 그려 보면 좋겠다. 연습 노트에서는 도망치고 싶은 마음이 올라올 때 나를 보호하기 위해 미리 준비해 둘 장면과 문장을 하나씩 정리해 보고자 한다. 내가 강의실에서 해 온 작은 리허설들을 당신의 하루에도 옮길 수 있기를 바란다.

연습 노트

> ## '무작정 버티기'가 아니라 '나를 지키면서 버티기'
>
> 이 연습은 도망치고 싶었던 자리에서 그동안 내가 나를 어떻게 다루어 왔는지, 어떤 방향의 말로 나를 몰아붙였는지 차분히 살펴보는 자리입니다. 단지 '또 버텼다'로만 하루를 정리하는 대신, 나를 지키면서 버티려면 무엇이 필요했는지, 어디까지가 내게 안전한 범위였는지를 문장으로 적어 보게 도와줍니다. 질문에 답을 적는 동안, 불안을 없애는 대신 불안과 함께 일하기 위해 어떤 준비와 리허설이 나에게 맞는 방식일지 조금 더 분명하게 보이기 시작합니다.

✎ 지금까지의 나 살펴보기

도망치고 싶은 마음이 올라올 때, 많은 사람은 "그래도 끝까지 버텨야 한다"는 말로 스스로를 몰아붙입니다. 억지로 참아가며 힘든 자리를 지킨 경험이 있다면, 그만큼 "도망치면 끝이다"라는 강박이 몸에 배어 있을 수 있습니다. 그동안 힘든 자리 앞에서 나에게 어떤 말을 건네 왔는지, 도망치고 싶었던 나를 어떤 눈으로 바라보았는지 솔직하게 적어 보려고 합니다.

◆ 도망치고 싶었던 자리에서, 스스로에게 가장 자주 했던 '가혹한 다짐'은 무엇이었나요?

예시

"한 번이라도 도망치면 다시는 그 자리에 설 자격이 없다."

"약까지 먹었는데도 제대로 못 하면 나는 무능한 사람이다."

"불안해하는 건 변명이니, 아무 일 없는 듯 보여야 한다."

→
_____

_____

_____

◆ 강의나 회의, 발표처럼 긴장되는 상황에서 스스로를 몰아붙였던 말을 떠올려 보세요.

예시

"단어 하나라도 틀리면 안 돼. 이걸 망치면 모든 게 끝장이야."

"목소리가 떨려도 절대로 티 내지 마. 완벽하게 침착한 척해야 해."

"질문을 받았을 때 바로 답하지 못하면 능력이 없다고 생각할 거야."

→
_____

_____

_____

◆ 불안과 두려움이 올라왔을 때, 그 감정을 어떻게 해석하고 다루어 왔는지 적어 보세요.

예시

"불안은 나약함의 증거이니, 남에게 들키지 않게 무조건 감춰야 한다고 생각했다."

"가슴이 뛰는 건 그냥 빨리 끝내라는 신호라고 생각하고, 속도를 더 높였다."

"왜 불안한지 논리적으로 분석하려 했지, 감정 자체를 받아들이진 않았다."

→ ....

....

....

✎ 새로운 시선 채우기

이제는 같은 장면을 '무작정 버티기'가 아니라 '나를 지키면서 버티기'라는 방향에서 다시 바라보고 싶습니다. 도망치지 않기 위해서라도, 어디까지가 내게 안전한 범위인지 알고, 어떤 준비와 장치가 있어야 덜 다치면서 그 자리에 설 수 있는지 정리하는 과정이 필요합니다. 불안을 없애려 하기보다 불안과 함께 일하기 위해, 앞으로 어떤 마음가짐과 태도로 나를 대하고 싶은지 적어 봅니다. 한 줄만 떠올려도 충분합니다.

◆ 앞으로는 도망치고 싶은 마음이 올라왔을 때, 어떤 말로 나를 대하고 싶나요?

예시

"도망치고 싶은 마음이 올라와도, 그 마음이 있다는 사실부터 인정하고 시작하겠다."
"힘들면 한발 물러날 수 있다는 여지를 남겨둔 채로 시작해도 된다."
"내가 지금 두려운 건 당연하다. 다행히 이 시간도 지나간다."

→ ....

....

....

◆ 나에게 맞는 안전한 범위와 버팀목을 준비하기 위해 꼭 기억해 두고 싶은 문장이나

태도가 있다면 적어 보세요.

예시

"내가 좀 더 편안함을 느끼는 시간, 장소, 순서, 옷차림 등을 미리 파악하고 준비해 본다."

"나를 진정시키는 호흡과 문장을 미리 준비해 두고 그 안에서 버티겠다."

"어떨 때 내가 힘들어하는지 평소에 살펴보고 힘들어지기 전에 나를 지키려고 한다."

→

◆ 불안을 없애기보다 불안과 함께 일하기 위해, 반복해서 떠올리고 싶은 기준을 한 줄로 정리해 보아도 좋습니다.

→

✎ 한 호흡 문장 만들기

이제 도망치고 싶었던 장면을 하나 떠올려 보세요. 약을 먹고 강의실에 들어갔던 날, 회의를 앞두고 숨이 막힐 것 같았던 순간, '이번만 넘기자'라고 마음속으로 중얼거리며 자리에 앉았던 경험 등 어떤 장면이든 괜찮습니다.

그 장면 속에서 '무작정 버티기'가 아니라 '나를 지키면서 버티기'에 도움이 되었을 법한 한 문장을 적어 봅니다. 실제로 사용해 본 문장이어도 좋고, 다음에 비슷한 상황을 만났을 때 나에게 건네고 싶은 문장이어도 괜찮습니다. 이 한 문장은 도망치고 싶은 마음과 함께 살아가기 위해 준비해 두는 작은 안전장치가 됩니다.

◆ 도망치고 싶었던 장면 하나를 떠올리고, 그 자리에서 나를 지키며 버티기 위해 써
보고 싶은 한 문장을 적어 보세요.

예시

"지금 이 자리에서 내가 할 수 있는 만큼만 해도 괜찮다."

"숨이 차오르면 잠깐 멈춰도 된다. 그러고 나서 다시 이어가면 된다."

"이 불안은 나를 무너뜨릴 수 없다. 나는 지금 이대로도 충분히 유능하다."

→ ....

....

....

✎ Action: 조용한 목소리 내보기

작은 목소리라도 좋습니다. 방금 쓴 문장들 중 마음에 드는 한 문장을 입
밖으로 꺼내 내 귀에 들려주세요. 생각에 머물던 문장에 내 호흡을 불
어넣는 것, 그것이 진짜 '내 호흡으로' 말하는 첫걸음입니다.

◆ 소리 내어 읽어 보고 싶은 문장을 한 줄 골라 다시 적어 보세요.

→ ....

....

....

이번 연습을 마치며 가볍게 점검해 보기

모두 하지 못해도 괜찮습니다. 한 항목이라도 마음에 닿는다면 그곳에만 표시
해 보아도 좋습니다.

☐	도망치고 싶었던 자리에서 나를 대하던 기존의 방향과 잣대를 한 줄 이상 적어 보았다
☐	무작정 버티기보다 나를 지키며 버티기 위해 필요한 준비와 안전한 범위에 대해 새 방향을 생각해 보았다
☐	비슷한 장면을 다시 만났을 때 나를 붙들어 줄 한 문장을 떠올리고, 그 문장을 소리 내어 읽어 보거나 읽는 모습을 잠시 상상해 보았다
☐	내가 쓴 문장을 소리 내어 읽어 보았다

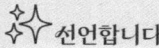선언합니다

"이번 연습에서 나는 무조건 버티라고만 다그치는
대신 불안을 안고도 끝까지 자리를 지키는
'나만의 방식'을 갖기로 선택했습니다."

말 없이 빛나는 **사람**

말이 더뎠던 아이, 역사를 움직이다

정치인 **윈스턴 처칠**

우리는 윈스턴 처칠을 강력한 연설가로 기억한다. 그의 전쟁 연설은 수십 년이 지난 지금도 회자된다. 그러나 어린 시절 그는 말이 느리고 자주 막히는 아이였다. 특히 's' 발음을 끝내 고치지 못했고, 지금으로 치면 말더듬 증상까지 있었다. 작은 키에 평범한 외모, 평생 따라다닌 우울증까지. 그런 그가 어떻게 '역사상 가장 위대한 연설가'가 되었을까? 처칠은 말을 잘하기 위해 글을 썼다. 그는 매일 원고를 쓰고, 외우고, 중얼거리며 속으로 수십 번 리허설을 했다. 연설문에는 멈춰야 할 곳과 호흡할 곳까지 표시해 두었다.

그는 타고난 달변가가 아니라, 철저하게 계산하고 준비한 '노력형 연설가'였다. "내 말은 모두 준비된 것이다. 모든 명연설 뒤엔 수십 번의 고쳐 쓰기가 있다." 그의 말이 오래 남는 건 유창함 때문이 아니라, 단어 하나하나에 확신이 있었기 때문이다. 말이 더뎠던 소년은 결국 그 말로 전쟁을 버티게 했고 세상을 움직였다. 1953년 노벨문학상을 받은 것 또한 말의 무게를 누구보다 잘 알았던 덕분일 테다. "대체로 간결한 말이 으뜸이며, 그중 친근한 단어가 최고다." 이 명언처럼 그는 가장 쉬운 말로 가장 깊은 울림을 주었다.

에필로그
조용한 사람의 멀리 울리는 한 문장

이제 조용한 사람이 말하기에 오히려 유리한 시대가 되었다고 느낀다. 예전에는 말의 크기와 속도가 곧 힘과 능력을 나타냈다. 회의실에서는 빠른 대답이, 무대에서는 큰 목소리가, 방송에서는 끊임없는 말이 능력으로 여겨졌다. 다행이라고 해야 할까, 지금은 꽤나 달라졌다. 물론 여전히 세상은 말로 넘쳐난다. 하루에도 수십억 개의 콘텐츠가 만들어지고 사라진다. 사람들은 많은 말에 둘러싸여 살면서도 정작 진짜 의미 있게 다가오는 말은 점점 덜 듣게 된다. 이제는 많이 말하는 사람보다 제대로 말하는 사람이, 크게 말하는 사람보다 진심을 전하는 사람이 주목받는다. 내향적인 사람은 원래부터 그 속도와 방향을 알고 있다. 말을 준비할 시간을 스스로에게 허락하며 생각을 통해 숨을 고르고 찬찬히 단어를 찾는다. 말이 가진 무게를 이렇게 다듬어간다. 이건 느림이 아니라 정밀한 말의 설계다.

AI는 수천 문장을 단숨에 만들지만 그 안에는 무게감을 가지고 진정성을 가진 속도와 방향이 부족하다. 정확하지만 온도가 없고, 빠르

210

지만 여운이 없다. 반면 내향적인 사람의 말에는 정성과 시간이 묻어 난다. 한 문장을 꺼내기 전의 침묵, 머릿속에서 조용히 다듬은 생각의 결, 그 과정이 문장의 질감을 만든다. AI가 만드는 즉답보다는 감정을 읽어나가는 맥락을 통해 만들어지는 정성스러운 한 마디가 중요하다. 빠른 대화 속에서도 미세한 감정과 흐름의 변화를 읽고 적절한 순간 단 한 문장으로 상황을 정리할 수 있는 감각. 그것은 단순한 기술이 아니라 관찰력과 섬세한 감정의 결, 상대방을 배려하고 생각하는 감 각이 합쳐진 능력이다. 내향인은 본능적으로 상대의 기류를 읽고 공 기의 흐름을 느낀다. 말보다 분위기를 먼저 듣는 사람. 그 감각이 지 금 시대의 가장 희귀한 자산이다.

AI가 대체할 수 없는 것은 바로 이런 감각이다. AI는 맥락을 계산 하지만 관계의 공기는 읽지 못한다. 문장을 만들어내지만 말이 가지 고 있는 그 순간의 떨림과 진심은 재현하지 못한다. 내향인은 이 떨림 과 진심에 익숙하다. 그들은 불안과 망설임을 감각의 일부로 받아들 인다. 그래서 그들의 말은 느리지만 단단하다. 말의 속도나 유려함이 아니라 존재의 진심으로 설득한다. 그래서 이 시대의 말하기는 오히 려 불안한 이 존재감을 드러내는 훈련이어야 한다. 사람의 말은 정보 를 전달하는 수단이 아니라 감정을 전이하는 매개가 되어야 한다. 어 떤 속도로 이야기하고 얼마나 호흡을 가다듬는가. 때로는 침묵하는 이 여백 속에서 신뢰와 호감이 만들어진다. AI가 초안을 만들 수는 있지만 인간은 그 위에 멈춤과 망설임을 입혀야 한다. 그것이 우리가 추구해야 할 커뮤니케이션 훈련이다.

내향인의 말하기는 단순히 용기를 내라고 말하지 않는다. 오히려 타이밍을 감각으로 익히고, 감정을 언어로 정제하며, 침묵을 적절한 속도로 전환하는 법에 가깝다. 조용한 사람은 이미 이런 훈련을 오래 전부터 해왔다. 말하지 않던 시간 동안 듣는 법을 배웠고, 듣는 동안 말의 구조를 익혔다. 어떤 기술도 모방할 수 없는 사람만의 능력이다. 지금의 시대는 빠르게 말하는 사람보다 때를 알고 멈출 줄 아는 사람이 이긴다. 깊이와 의미, 그것을 다루는 가장 정교한 방식이 바로 내향인의 말하기다. 적게 말하지만 오래 남는 문장, 조용한 한 사람의 멀리 울리는 한 문장, 그 울림이야말로 누구도 복제할 수 없는 사람의 언어이자 시대가 잃어버린 소리이다.